为中国共产党建党 100 周年深情献礼！

为云南财经大学 70 周年献礼！

有限需求理论

长期经济增长可持续性及
路径稳定性的视角

陈昆亭　周　炎　著

人民出版社

目　录

前　言 ……………………………………………………………… 1

第一章　需求的有限性与无限性 …………………………… 1

　　第一节　人的需求 ……………………………………………… 1

　　第二节　需求的分层理论 ……………………………………… 5

　　第三节　传统理论中需求的无限性 …………………………… 8

　　第四节　现实中需求的有限性 ………………………………… 12

第二章　有限需求、有限市场及微观效应 ………………… 16

　　第一节　均衡经济与有限需求特征讨论 ……………………… 17

　　第二节　模型经济 ……………………………………………… 22

　　第三节　基于实际经济事实的验证 …………………………… 37

　　第四节　总结与建议 …………………………………………… 44

第三章　有限需求的宏观效应:周期与增长问题 ………… 47

　　第一节　周期与增长事实 ……………………………………… 50

第二节　模型经济 ………………………………………… 61

第三节　讨论 ……………………………………………… 87

第四章　有限需求理论的应用推广思考

　　——需求侧管理的逻辑、理论与长期战略 ………… 91

第一节　现象与证据 ……………………………………… 92

第二节　增长理论的发展及面临的挑战 ………………… 101

第三节　需求有限性下的长周期增长机制理解 ………… 105

第四节　结合当前发展国内外形势，探索分析我国最优

　　的发展方针和政策取向 …………………………… 119

第五章　需求约束、货币政策体系与经济增长

　　——有限需求假设下经济增长"负向螺旋"形成机制 … 123

第一节　市场权、信息化与垄断 ………………………… 126

第二节　金融化趋势、危机策略与增长关联机制 ……… 137

第三节　我国最优的发展方针和政策取向 ……………… 147

参考文献 ………………………………………………… 152

前　言

　　近现代西方经济承借工业革命的推动实现了人类前所未有的发展。在西方经济工业化发展的过程中,所有工业化产品都能够获得近乎全球的巨大的需求市场(因为几乎没有多少竞争),从而得到巨大的有效需求的拉动而实现生产的持续增长。这对于工业化初期的几乎每一个新产品的生产企业而言都是一个极其伟大的时代,因为企业几乎不需要考虑市场需求的问题,也不需要过多关注竞争者,因为市场实在太大了,容得下足够多的竞争者。此外,机器化新时代也给人们带来了巨大的想象空间,大量可以开发的新项目和新产品创意激发了所有人的无限激情(这很像改革开放初期的广州、深圳的状况)。在这种情况下,虽然财富积累的速度有差别,但所有人都能实现收入的快速增长。收入总体水平的增长进一步拉动更多的新层次的需求的增长,于是经济又会在更高层面上实现持续的增长。这种局面形成了西方经济总体的大增长时代。其中,英国在 1750 年之后最先进入工业化,此后欧洲其他国家也先后进入工业化;而美国在第二次世界大战中获得了工业化水平的超越,到 1940 年前后工业占全球的份额约 50%,为其全球霸主地位奠定了坚实的经济基础。

在这样的发展过程中,增长的实现几乎完全等价于产能水平的增长。因为需求近乎是无限的,至少面对全球巨大的市场,可以近似理解为无限,当时几乎没有人对此有异议。同时,人们相信只要收入不断增长,需求理所当然就应当是增长的。在这样的时代,这样理解也确实没有太大问题。这就形成了传统宏观经济学思想认知的微观基础,也形成了既成的事实:增长现象主要是生产力水平的持续提高,即供给侧因素决定的,且供给创造需求。

然而现在,西方经济工业化初期的发展局面再无法维持。随着全球化和全球工业化国家比例的增加,竞争性局面逐渐加强并不断恶化,而且,工业化程度不断加深,总体水平不断提高,造成了全球生产能力的逐渐过剩。主要的工业产品比如日用家电(这是工业化以来家庭需求最旺盛、刚性较强的产品类)已经在全球形成极高的饱和率,其中中国和印度的饱和基本昭示了全球大范围饱和的局面。家电类生产商早已撤出先期饱和的欧、美、日市场,近年中国国内的日用家电需求趋于饱和后,也已经开始向外部发展。而且家电类产品品牌种类繁多,竞争激烈,许多先期在中国市场上曾经一度发展的小品牌已经不见踪迹,留存下来的国内知名品牌和国际知名品牌进入需求市场饱和稳定的后竞争阶段。其他工业品也都有类似的发展经历和过程。如在美国曾经如日中天的汽车工业也早已度过了最辉煌的时代,底特律已经成为历史,而目前各类汽车品牌正在后起但最大的中国市场激烈交战。

随着核心工业化技术的不断发展,各国必将在高端制造业领域一决雌雄。无论是出于被迫或是主观意愿,各国都必须也必然为本国的发展选择适合的发展路径。市场的争夺、技术的领先、人才的存储和可持续培养等必将成为决胜未来的重要因素。

我们已经清晰地看到,在物质相对紧缺的年代,即工业化前或初期的阶段,供给能力决定了经济增长水平。但在产能过剩的经济中,即工业化水平已经充分发展的经济中,决定经济增长的主要方面已经不再是供给能力的问题,而是需求侧的问题,需求不足或凯恩斯笔下的有效需求不足才是限制经济持续增长的重要方面。需求已成为制约经济增长的主要因素。中国经济在 1990 年以后逐渐进入买方市场,相对过剩成为大多数主要产业的特征(除了一些新生产业),需求成为决定多数产业均衡的矛盾的主要方面。因而,在从卖方市场向买方市场转换的过程中,如何有效掌握和把控需求规律、需求影响因素和机制、需求的可持续性发展等是矛盾的主要方面。

在现实中,在一般成熟的经济中(脱离了重要的转轨阶段进入平衡增长的均衡阶段),经济增长的实现由供需均衡联合决定,供需双方的变化都可以成为偏离均衡的扰动源。因而,需求与供给两方面的变化规律和机制是同等重要的影响长期经济增长的因素。其内在的逻辑机制是,生产的任何产品都需要得到市场的承认(即出售),生产行为才能得到实现,如此才能成为真实的 GDP 的部分。如果商品无法售出,生产行为就无法得到实现,也就无法对经济增长产生实际贡献。这就要求产出要有恰当的需求(或自洽的需求)与之匹配。同时,有效需求的形成又需要确定的收入来支撑,收入增长的主要来源又在于生产的良性发展。所以,只有供给与需求两个方面一致增长才能实现实际的经济增长。任何一方的单方面增长都不能实现实际的经济增长。而且,只有当供给与需求两方面的增长是可持续的,长期增长才是可持续的,否则将表现为短时的和波动的,甚至是螺旋式萧条的。因而,问题的关键就在于供给与需求两方面如何才能实现持续的联合一致的增长。这属于内生增长的思想范畴。按照内生增长理论的逻辑和预测,在内生增长经济中(达到内生增长的微观基础条件),要素实现合理配置,配置于创新部门的劳动和资本产生的报酬递增效应足以抵消其他实际生产部门的报酬递减效应,当创新部门的报酬递增效应能够持续大于其他实际生产部门的报酬递减效应时,总体经济就可以实现增长。遗憾的是,近年西方发达经济都集体表现出显著的偏离内生增长理论预测的平衡增长路径,而走出增长持续衰减的可称为"高收入陷阱"的均衡趋势。是内生增长理论存在缺陷?还是西方发达经济在本质上并不满足内生增长均衡所要求的基本条件?

无论是发达经济还是发展中经济都面临滞胀问题,都需要思考制约增长的传统逻辑和传统认知本身是否存在问题。

近代传统的经济理论框架的发展主要集中在对供给侧方面的探索,关于需求侧的研究则陈旧过时,脱离实际。比如,传统的主流理论总是假定需求为所有消费品需求的加总,从而使其可以随收入水平增长无限增长,但现实中人们对不同商品的需求行为是不同的,且在不同阶段具有显著不同的结构化特征。加总以后的总需求量掩盖了不同商品结构的动态变化特征,很难对实际的需求行为作出深刻细致的研究。对需求侧刻画的瑕疵是基础性的,造成现行主流宏观经济理论的总体框架存在巨大的问题。基础理论的错误,即使看起来很小,也可对现实经济发展造成严重误导。当前,现实经济的发展,从全球范围来看的确存在很多公共性的重大问题。

首先,现有的增长理论的发展显著滞后于现实世界经济发展的需要,且不能较好地解释近年世界经济新的发展趋势。世界上发达经济长期潜在的增长趋势表明世界经济增长的总体动力严重不足,这些现象既不能用现有的增长理论给出很好的解释和解决方案,也不符合主流增长理论领域学者们习惯的平衡增长路径均衡的预测。

其次,经济周期波动的特征[基于美国国家经济研究局(NBER)的经典研究]清晰表明经济周期波动存在显著的内生性特征,即波动总是存在的,是无休止的。虽然每一次波动长短高低有所不同,但持续不断地波动是肯定的。然而这种波动的持续性特征在现代周期理论的主流框架中不能内生产生。现有的内生周期理论多从模型多重均衡、心理因素等方面来解释,但实际上这些模型解释实际的能力非常有限。

从以上两点来看,现有主流经济学理论在增长和周期问题方面都不尽如人意,这说明主流理论的确存在问题。为此,我们拟从需求行为的规律出发探索能够更好地解释现实经济增长与周期波动动态的改进思路。

传统理论是如何研究“需求”的影响的呢?经典的需求理论的定义核心聚焦在“需求与市场价格的关系”,即向右下倾斜的需求曲线的特征。高级经济理论中关于需求的讨论无非增加了可能影响这一关系的更多的变量,使得向下倾斜的直线变成曲线,以及增加了对一些极端情形的讨论。因而,传统需求理论的本质在于研究在自由交易的市场中给定价格水平的需求量,以及当价格水平变动会引致需求如何变化的规律。这一理论本质建立在市场总"供""需"都会影响价格,反过来也受价格变动的影响。因而,实现的价格代表了"供需"平衡的均衡。但这里存在两个问题:(1)价格的变动以及与此相关的供需变化造成的经济波动都是短期的,因而,需求引致的这类波动是否只有短期效应?(2)价格变动是否立即或在多大程度上会引致需求的变化,是否存在滞后或黏滞的可能?

先看第一个问题,是否需求侧的因素仅仅影响短期经济的运动规律,而不形成长期增长的影响呢?需求会否,或如何影响长期经济增长的趋势呢?

这一问题绝对比它看起来要复杂得多。首先,消费需求的短期波动和产出的周期波动高度正相关,这是所有经济中共有的规律[卢卡斯(Lucas),1977;施托克、沃森(Stock,Watson),1999],但这既不能说明消费与长期增长的关系,也不能说明消费与产出之间的因果关系,这是两个角度的问题。莱文、雷内(Levine,Renelt,1991)证明在跨国数据中,投资率是跟增长率强烈相关的唯一变量,即只有高投资与高增长存在"引致"关系。有时候人们倾向于将"投资"与"储蓄"紧密联系起来,这实际上只是初级宏观里面的印象的"误导"。储蓄并不等价于投资,在预期萧条的过程中,投资会远远低于储蓄,而在预期繁荣的过程中,加杠杆的现代金融手段又会创造出远大于储蓄的投资可能性。消费和储蓄是紧密相连的,但尽管现代金融同样创造出许多超越实际预算能力的消费可能性,但在相对保守的文化背景中,这种偏离只在极少的群体中存在。至少从中长期来看,消费与储蓄存在紧密联系,因而,消费就连同储蓄一样与投资之间失去紧密关系的必然性,这就意味着消费不是长期增长的"引致"诱因。至少,消费无法通过影响投资的渠道直接对供给侧形成影响。这就与"三驾马车"思想所反映的需求的重要作用形成显著的不一致。如何来理解这一同样基于传统理论的结论的矛盾呢? 这里我们希望引导出对增长"均衡实现"的逻辑倾向,显然消费代表需求侧,对长期增长一定如"三驾马车"思想中体现的那样重要,但其作用机制决非传统统计分析或古典思想中的理解,而是蕴含在现代均衡机制之中。这一思想还需要从不同的角度去厘清。

其次,在传统经济学的研究中,储蓄率与经济增长率之间存在重要的正向关系,早期的实证研究,如霍萨克(Houthakker,1961,1965)和莫迪利亚尼(Modigliani,1970),就给出了这样的证据,即便近期的实证研究也仍进一步肯定了这一关系。这样的实证证据一般被理解为对增长理论模型的支撑。在索洛模型以及内生增长的模型中,储蓄率的增加的确会引起均衡水平的提升,但均衡水平的提升并不等价于增长率的提升。增长模型实际上并不能准确解释储蓄率与增长率之间的全部的内在关系。对此有一个问题,如卡罗尔等(Carrol,et al.,2000)提出的那样:是储蓄增加引致了增长率提升,还是增长引致了储蓄率增加? 他们举东亚经济为例说:东亚经济高增长的阶段远远早于超高储蓄的阶段。爱德华(Edward,1995),博斯沃思(Bosworth,1993),德亚顿、帕克森(Deaton,Paxson,1994)等得出的结论也是增长导致了储蓄的因果关系。这形成了对传统增长模型更深刻的挑战。按照传统代表性可分效用假设下的增长理论,增长率越高,会引致储蓄率的下降而不是上升。因而,关于储蓄率与增长率之间正相关关系的观察,构成了对传统增长理论模型的挑战。

　　总结上述分析可以得到三点认识:(1)长期经济增长问题不能局限在局部或单侧的片面研究,应当建立在全局的均衡体系下去全面观察分析;(2)关于消费、储蓄等对长期经济增长的影响的研究不足,传统的增长理论中对于消费行为的刻画呆板滞后,需要引入新思想,建立改进性新思路以拓展和拟合现实中需求侧对长期经济增长的重要作用与机制;(3)需要更进一步从均衡角度细致刻画需求侧和供给侧的相互促进和相互影响的机理。

　　在此背景下,本书探讨有限需求假设在多大程度上可以改进上述问题的解决,以及各方面的影响。在"有限需求"假设下,产品的需求(销售)市场也是有限的,这种假设将会对宏观经济理论产生怎样的影响? 我们将建立一系列假定有限需求和有限市场的模型,从不同角度研究增长问题(增长停滞问题、增长可持续性问题、收入差问题等)。

　　20 世纪 90 年代后,中国逐渐进入买方市场,相对过剩成为制约经济增长的重要因素,需求成为决定大多数产业均衡的矛盾的主要方面。但在传统经济学框架中,对需求的假定无限脱离实际。本书用中国(1978—2018 年)、美国(1965—2018 年)的实际经济数据考察有限需求假设,并得到证实。在此假设下,建立了一个包含纵横向异质性技术进步的多产业部门模型,研究经济的周期与增长过程,以求更好地模拟现实。模型具有内生机制:财富收入差距的程度决定产品的市场总需求,差距越大,总需求越低;在收入结构确定的市场,总需求有限,形成大多数产业发展的终极限制。纵向技术进步(产业内部)不能增加产出,但会引致收入差距扩大;横向技术进步(新产品创新)能够增加需求,促进经济增长。模型解决了 RBC(the Real Business Cycle,RBC)类

模型不具备的解释周期波动的内生性特征的能力,拟合了现实的产业
发展的倒 U 形周期特征,能够解释典型的增长现象,并给出了实现长
期可持续增长的关键条件。这是结构经济与主流框架融合以模拟实际
经济的重要突破,模型可为供给侧改革的方向提供指南和理论支撑。

　　在供给过剩而有效需求不足和金融经济特征显著的经济环境中,
经济增长的实现与传统增长理论刻画的情形显著不同(传统增长理论
重在供给侧因素的研究)。依赖传统增长理论无法分析、判断和指导
现实经济发展。本书结合当前全球大范围疫情冲击下的具体经济现象
和前沿研究,试探性分析两个方面的问题:(1)有限需求假设对增长理
论的影响;(2)在金融经济特征环境中金融冲击等因素影响长期增长
的机制。书中提出了一种解释近年以美国经济为主的西方经济持续衰
落的"负向螺旋"机制,并结合研究针对中国经济实际状况提出发展
建议。

第 一 章

需求的有限性与无限性

人们的需求首先是说人们要对特定事物(或目标)有欲望和要求,在有主观的意愿性的前提下,才肯付出其支付能力,以实现其目标。因而需求是对特定目标的欲望与其购买力的一致。没有购买力,欲望无法实现,不能形成实际的需求。有购买力而没有欲望同样不会形成实际的需求。更加规范严谨的表述是:需求是指消费者(家庭)在某一特定时期内,在每一价格水平下愿意而且能够购买的某种商品的量。

第一节　人的需求

在特定的时期内,一个人(或家庭)的需求受到两个因素影响:一个是意愿的强弱,另一个是购买能力的大小。人们在特定时期内对某种商品或目标的欲望如果是没有边界的,则需求的大小主要取决于其

1

财富或收入水平。收入和财富水平越高,购买力越大,可以实现的需求量就越大。当人们在特定时期内对某种商品或目标的欲望是有边界的时候,如果购买力足够,则需求取决于其主观意愿的目标的量;如果购买力不足以满足全部的愿望,则需求取决于财富的多少。

影响购买力的因素之一是收入或财富水平,以及意愿的商品的价格。价格越高,有限的收入值之下的购买力就越小,反之越大。因而,价格水平通过影响有限收入水平的购买力来影响需求。一个极端的情形是,当人们对商品的意愿已经得到满足,则价格及收入水平都不会再有对需求的影响。

表示某种商品的价格与需求量之间关系就是需求函数。需求函数曲线是表示某种商品价格与需求量之间关系的曲线,按照传统理论,一般来说需求曲线向右下方倾斜。这显然具有一般合理性,即价格越高需求量就会随着购买力的下降而减少,因而是向下倾斜的。

影响需求的因素包括影响购买愿望与购买能力的各种经济与社会因素,这些因素主要包括消费者偏好、价格、预期、收入、财富、替代品、社会环境变化及极端冲击等。其中,偏好、预期、替代品、社会环境变化和极端冲击等是直接影响主观欲望的因素,是潜在的需求形成的内在动因,也是需求的原始基础,将这几个因素统称为 A 组因素,A 组因素 = {偏好、预期、替代品、社会环境变化和极端冲击}。

而价格、收入、财富、社会环境变化和极端冲击是能够直接决定或影响购买力的因素,是制约需求实现的方面。将这几个因素统称为 B 组因素,B 组因素 = {价格、收入、财富、社会环境变化和极端冲击}。

社会环境变化和极端冲击既可以形成对需求意愿的影响,也可以形成对购买力的影响。比如一次突如其来的疫情的发生，一方面限制了人们外出购买的可能，人们主观减少了外出集会、餐饮、娱乐、旅游，这是客观限制了需求的原始动因；另一方面也限制了产品的供给能力，由于封闭隔离使得工人无法进入生产，这引起价格上涨，从而减少了购买力。同时由于工人无法工作，减少了收入，也直接减少了购买力。所以，这类影响常常是两方面的。

1. A 组因素影响

偏好的概念在微观经济学中的讨论很多了，我们假定读者是熟悉这些基本概念的。我们重点讨论影响偏好变化的因素和偏好变化的影响。偏好变化在主流的教科书中讨论的其实不多，但通过简单的观察不难知道，偏好变化有两种：一是随着时代和社会进步而形成的自然的变化。观察工业革命之前人们的偏好和现代人的欲求会觉得差异很大，那时候人们不会对汽车、彩电、空调、手机等现代的东西有想法，因为那时根本没有。这方面的变化是社会进步逐步形成的，不是一蹴而就的。正如我们无法确定昨天和今天偏好有多大变化，通常的假设也是说偏好是相对稳定不变的。但这是相对而言的，从长期来看偏好其实是会逐步变化的。二是随收入水平的不同存在较为显著的差异，即需求层次的差异。比如，一个收入水平刚好能够满足基本生活需求的工人早晨起来不会想要不要买北京四合院或杭州西湖边上的豪宅，也不会想要不要买一个豪华游艇或私人飞机，因为这些远远超出他的支付范围，所以，他思考的一定是基本生活需求层面的选择问题。这与富人思考的选择集显然存在很大的差异。这看起来构成了偏好的巨大差异，而这方面的差异是由收入结构决定的。

　　偏好的两种形成机制决定了偏好的变化存在一个潜在的缓慢变化的趋势项和一个由收入变化引起的波动项。因为收入是可能瞬时变化的。比如你突然获得了一个巨大的创新,或一个巨大的社会性贡献,甚至是中了一个大奖或是获得了一个收入倍增的新职位等,这些都可能使你的收入瞬间出现大幅度增加,于是你开始兴奋地计划如何改善提升你的生活,这就带来偏好的较大的短时变化。而由社会进步和时代变迁所引致的偏好的变化通常是非常缓慢的。社会性的倾向是由大众的共同偏好相互影响、相互攀比形成的。比如,旧上海女士们喜欢穿旗袍,这与现代上海街头女孩们流行的时装看起来很不同,但在同时期都有相当稳定的趋势,其中包含了深刻的文化等因素。

　　因而,偏好的变化一方面有短时波动形成的因素,也有长期缓慢的趋势变化。这构成了短时波动围绕长期趋势的小波动特征,但总体来看是遵从长期趋势的。因而,个体的偏好具有时代特征,即遵从阶段性趋势的规定,并进而形成综合的社会性偏好的趋势。个体的偏好贡献对社会偏好的形成产生贡献。从宏观的角度看,偏好主要是趋势性的部分,这是偏好的稳定性的基础。

　　预期、社会环境变化及极端冲击包含的范围可以很广,是影响偏好的重要因素。它们相互联系,联合形成影响偏好的最主要的方面。预期包括对政策的预期、对收入的预期、对社会环境甚至文化倾向等多方面的预判。社会环境包括制度体系、文化、传统、宗教、习俗、经济发展、政治趋势等,是社会文明在生态环境条件下的综合体。这些方面的相对稳定性和相对变动性构成影响人们偏好的微观基础。

　　偏好的变化是需求变动的最重要的影响因素。某种商品的需求还与其他相关商品的价格相关。相关商品有互补品和替代品两种。互补品是指共同满足一种欲望的两种商品，它们之间是相互补充的。两种互补品之间价格与需求呈反方向变动。替代品是指可以互相代替来满足同一种欲望的两种商品，它们之间是可以相互替代的。两种替代品之间价格与需求呈同方向变动。

2. B 组因素的影响

价格、收入、财富、社会环境变化和极端冲击都是可能影响购买力的因素。价格的影响是反向的。价格水平一般说来取决于市场的供需情况，但实际上价格形成机制远没有这么简单，完全竞争的经济只是理想的状态，大多数的商品市场并不是完全竞争的。价格受到垄断力控制的成分广泛存在，这对于个体购买力形成极大影响。在收入和财富水平相对固定的条件下，需求约束受到价格波动的影响极大，构成私人部门刚性需求情形下危机的根源。因而，稳定的价格体系永远是社会治理机制中最重要的课题。如果将社会环境变化和极端冲击的影响也考虑进来，价格稳定机制就更加重要。这些因素之间的相互关联及影响机制在后文还会再讨论。

第二节　需求的分层理论

著名的需求层次理论最早由亚伯拉罕·马斯洛（Abraham Maslow）于 1954 年提出，认为人的需求是分层次的，并且是有次序的。人们在满足了较低的需求之后，才能出现较高级的需求。从低到高依次可分为:生理需要、安全需要、爱和归属感、尊重和自我实现五类,依次由较低层次到较高层次排列。在他1970年的新书中又增加了求知需要和审美需要,从而升级为七个层次。一般来说,当人们同时缺乏食物、安全、爱和尊重时,第一需求的一定是食物,这是维持生存的必需。其他的需要则非必需,不那么重要。此时人们会被饥饿完全控制,所有努力都是为了获取食物,人生的主要意义仿佛就是吃,其他的东西都显得虚无缥缈。只有当人们的生存需要得到基本满足时,才有可能考虑更高级的、社会化程度更高的需要,比如安全需要等。

该理论的提出更进一步准确地刻画了需求行为,是对需求行为更高级的理解。但这其中的大部分内容已经远远超出了经济学的研究范畴,流行的经济学理论的研究仍主要限制在物质层面的供给与需求,所以本质上只是马斯洛讨论的第一个层次的内容。我们真正要讨论的是经济范畴内商品需求是否有进一步的层序呢?答案是肯定的。

首先把人们家庭生活中所有的商品粗略地划分为三个层次:(1)基本生活必需品(食品类、服装类、居家生活用品类、常用小型电器、公共交通或基础交通工具类等);(2)便利性生活提升型用品(汽车、大型家电、高端娱乐产品、中高端各类会员卡、通信工具、品质型高端家具、品牌服饰等);(3)奢侈品(豪华游艇、私人飞机、私人会所、稀有产品等)。按照这一划分,第一层次是人们生存生活必需的基础部分,没有这些就无法正常生活,因而必然是任何人都必须要首先满足的部分,也是人们无论如何都必须实现的部分,在这一部分需求不能达到充分实现的情况下,人们会拼命努力争取实现,否则基本的生存质量和生活水平就无法得到保证。为此生活在这种状态下的人们会支出全部的时间、体能和智力。同时，在这部分需求没有达到基本饱和之前，一般也不会去考虑更高层次的需求。比如，贫困中的家庭无法支付购买汽车的费用。极少有压缩一半基本生活开支用于按揭一个汽车的案例，除非其预期收入会有确定的大幅增加。

当人们的收入水平超出实现基本生活需求的第一层次之后，才会考虑第二层次的需求，这看起来是自然而然的事情。到达这个层次消费水平的家庭或个人，可以称为基本实现了温饱水平。如果还进一步能够实现第二个层次的需求饱和，则可以称为达到了小康水平。在这个层次的人和第一个层次有何不同呢？收入水平的差异是显著直接的不同，这当然可以是包含了能力或者机会，也或者是职业差异等引致的收入的差异。除此之外呢？最重要的是如果是在非温饱状态，人们的工作劳动将是无奈的，某种程度上可以说是被迫的。因为，即使他付出全部的禀赋都还不能使得生存有充分的保证。但当超越了这一水平，则他有一定的时间（即超越刚好达到温饱临界水平之外的部分）是可以选择的，这部分超越温饱的剩余时间可以继续用于增加收入，进一步提升其生活质量，也可以选择休息，以改善身体状况，也或是用于提升人力资本，总之，"他"存在了人生的第一次选择的"自由"。如何选择要取决于他怎样理解"活的更好"的状态。部分人会选择放弃物质方面消费提升的努力机会，简单地增加休闲的时间。当然，更多人实际上会选择更多的劳动工作，以提升生活质量。有些人的收入的确很高，远远超越小康水平，这样的人与前两种境界者就有更加明显的不同，他们的收入显然高得很多，"自由"也多很多，一般的生活用品都不能带来更多的幸福感了,他们的满足感在于奢侈品带来的额外的效应。显然前两者是不会考虑这些的。因而,很显然,需求是有层次的,是有顺序的,是自低向高的,是与收入水平紧密相连的。而且,基本可以看到,随着收入水平的增加,需求是不断增加的。但这真的是对的吗?

第三节　传统理论中需求的无限性

在传统宏观经济学理论的研究中,需求一直被认为是无限的,是随着收入的增长而增长的。因而,传统增长理论的逻辑就自然而然地成为单纯的供给侧的问题。只要社会生产无限增长,人们的收入就会无限增长,于是需求也是无限增长的。

从宏观全局的角度更容易认同需求是无限的。首先,一个人的需求总是有限的,但全社会的总需求则可以是持续无限增长的。只要社会人口总量是持续增长的,或者人们的需求是不断升级的,都会表现为总需求是不断增长的。至少所有发展中经济和先发经济的数据观察也可以说明这一点。其次,从具体特定商品的角度,个体需求或固定人口的社会总需求是有限的,但在持续出现的新商品和新服务不断增加的情形下,无论个体或社会的总需求也都会存在客观的需求空间的持续增长。

因而,我们认识到需求的无限性依赖于两种可能性:一是人口的持续增长;二是新产品或服务种类的持续增加。下面我们分别观察这两种因素的宏观需求效应。

一、人口持续增长的需求增长效应

在马尔萨斯所思考的农经时代,由于生产水平有限,固定区域内自然赐予的食物供给总量有限,因而,区域内人口数量永远无法突破天花板,呈现类似正弦波一样的波动规律,人口数量上升引致人均口粮下降,竞争与疾病引致生育下降,人口下降到底部,人均口粮富足,又会激励人口增长,如此反复。但总也无法实现人口和人均收入水平的持续提升。那样的时代,人们思考的只有生存问题,食物似乎永远都不充足,人们的需求层级无法上升到第二层。因而,在马尔萨斯时代,人口总量始终无法持续增长,不能引致总需求的无限增长。事实上,人们的基本需求始终处于不能得到充分供给的状态。

在工业革命之后,西方经济开始跳出马尔萨斯陷阱,工业生产不受国土区域范围大小的限制,社会总产出水平开始彻底超越社会基本需求的上限,人口增长不但不会受到食物不足的制约(可以通过工业品的全球贸易来获取食物),反而成为更大的工业生产规模的必需条件。因而,在工业革命初期呈现出人口与人均产出水平同时指数型增长的空前局面。在此阶段人口增长对需求持续增长存在清晰的正效应。也只有在这一阶段,资本主义经济进入大工业分工的劳动密集型生产阶段,劳动人口增长提升劳动密集度,促进规模经济效应,增加总体生产效率的同时,也增加个体的劳动工资收入水平。这形成一种人口增长促进收入的良性循环,形成人口增长,收入增长,个体需求增长,进而总体需求增长的动态过程。

在进入后工业革命阶段的经济中,如我们已经观察到欧洲经济进入 20 世纪所表现的那样,随着工业化程度的日益深入,人均收入水平持续增长,但人口却呈现掉头向下的趋势。这一现象非常具有普遍性,所有的发达经济都有同样的人口下降的现象。奥以德·盖勒(Oded Galor)等内生增长和一致增长理论的杰出代表们对这一后工业革命阶段的特征有很好的解释:随着工业化程度的日益加深,社会对劳动者的技术和知识化水平的要求越来越高,劳动者形成时间成本和资本成本大幅度提升,家庭供给社会需要的合格劳动者的能力下降,妇女在时间机会成本持续增加的条件下,生育意愿下降。同时,随着工业自动化生产线和智能化发展,人工劳动需求持续减少,纵向技术进步持续挤出劳动。这些方面的因素所形成的影响是如此之大,以至于远远超越了收入水平上升所带来的生育意愿效应,最终表现为人口的实际下降。因而,在后工业化阶段,人口无法形成有效的需求拉动效应,因为人口是不增加的。

综上所述,直观思考的判断结果是:依赖人口增加引致需求增长的效应在不同阶段表现不同,如表 1-1 所示。这意味着人口增长仅在工业化初期阶段具有可持续的需求增长和产出增长效应。工业化初始阶段本质上是一个转轨阶段,即从农业经济向工业经济转换的过程,这在更长期的历史阶段来看是非常短暂的。因而,本质上在更一般化的常态经济状态,人口不具有长期可持续的需求增长效应,进而不具有长期可持续的增长效应。

表1-1 人口需求效应的阶段表现

阶段	马尔萨斯阶段	工业革命初期阶段	后工业革命阶段
人口需求效应	无持续增长效应	有持续增长效应	无效应

二、新产品或服务类别增加的需求增长效应

新生事物总是令人喜悦的,人们总是有喜新厌旧的倾向,而这种倾向可以解释人们对于新产品的态度。新生的产品必然具备不同以往的新功能或高效率。这既体现新事物的魅力,也体现人们欲望无止境的逻辑。当人们对于原有商品组合的拥有都达到饱和,效用的改进就必然需要有新的商品。这似乎是最自然不过的事情,这大概也是传统的供给学派坚信的供给创造需求的逻辑盛行不衰的原因吧。但我们需要思考的问题其实是,新产品的创新是否是可持续的?这个问题并非一般直观想象的那么简单。与此相关的问题有:有没有完全没有需求(没有用)的创新?有用的创新是否一定有需求?新产品的需求是否是无限可持续的?影响新产品需求的因素有哪些?新产品创新增长率的影响因素有哪些?

很显然,这些问题太重要了,正是本书需要重点思考和研究的主要内容之一。我们将在后面的章节中技术化深入研究和细化分析。可以肯定的是,从现实观察到的发达经济发展的结果来看,新产品创新具有内生性质,决定其内生可持续性的因素或者说微观基础确定与收入差距、财富过度聚集、金融脆弱性等有关,西方发达经济中相关方面日益

恶化的微观社会生态正在侵蚀创新的内生产出率，由此造成整体经济的长期增长逐渐陷入萧条的负向螺旋之中，因而表现出显著的需求拉动的长期不可持续性。但这并不能成为我们判断新产品创新不具有需求拉动的持续性效应的结论的依据，这样太简单了，我们需要更认真科学的分析。

综合本节的讨论，我们看到，基于实际的简单的长期观察就可以得到基本判断，人口和新产品创新都不具有坚定的引致需求无限增长的必然性。当代资本主义经济日益加深的财富差距正在深度考验供给创造的需求是否足以支撑由此拉动的生产增长的循环可持续性。因而，传统宏观经济学中简单假定需求无限性必然造成脱离实际等问题。

第四节　现实中需求的有限性

按照马斯洛的理解："欲望无限，需要有限"，这应当是"有限需求"思想的最早萌芽了。试考虑一个问题，人们会不会始终不去追求第二层面的商品的需求，而是随着收入的增加，始终持续的是仅仅增加第一个层面的商品的需求量呢？这一问题是否太可笑了呢？是的，现实中大多数人都会觉得这是一个可笑的问题。因为人们对某个具体方面的需求是不可能持续不断地增长的，所以实际上任何层面的需求一定也都是有限的，而不是无限的。当然这里我们所说的商品是指一般化的、不具有金融属性的商品。对于具有价值储存功能的和其他特殊稀缺性的商品，应当服从特殊的规律，这里我们暂时先不考虑这些商品。

现实中，任何家庭的任何商品需求都是有限的。比如，每个人每天所需要的热量是有限的。根据世界卫生组织的研究，一个健康的成年女性每天需要摄取1800—1900卡路里的热量，男性则需要1980—2340卡路里的热量。过度的热量摄入非但不像传统经济学假设的那样是效用持续增加的，反而可能是效用减少的。

每一个家庭所需要的日常用品是有限的，比如牙膏、洗发水等。每个家庭每阶段需要的家用电器、手机、汽车、旅游产品、娱乐产品等，也都是有限的。因而，长虹电视的黄金时代随着中国家庭拥有量的饱和而结束；汽车行业也必将随着家庭拥有量的饱和而淡出；实现温饱的人不会再希望每日暴食。因而，每种具体商品的需求是有限的。观察美国百年来的基本消费数据亦可见一斑。表1-2的数据表明，随着经济发展和家庭收入水平的不断提高，美国家庭平均的食物和衣物消费支出份额显著下降，这表明人们对基本生活品的需求是有限的，不是随着收入等比例增长的。

这一思想实际上并不新鲜。沃尔（Warr，1987）就曾用"维生素模式"说明需求过量并无益处。莱恩·多亚尔、伊恩·高夫（Ryan Doyle，Ian Goff，2008）指出："如果想要实现人的健康和自主的优化，就需要特定水平的中间需求的满足。但是一旦超过这个水平，任何额外的投入将不会进一步提高基本需要满足。"他们还举了一个例子："一个住所一旦安全、温暖，不拥挤，有清洁的水和令人满意的卫生条件，任何进一步的改善——如增加空间、添置设施、豪华装饰等——都不能提高居住者与居住相关的需求满足。"这些其实都是早期的"有限需求"的思想。

表 1-2　美国家庭基本消费支出份额　　　　单位:%

	1900 年	1950 年	2003 年	2012 年	2016 年
食物	43	30	13	13	12.6
衣服	37	12	4	3	3

数据来源:美国劳工部公布的数据。

"有限需求"有主观和客观两种形成可能:一种是主观需求的饱和,比如人们每日需摄入的食物是有限的;另一种是受客观财富约束而形成的"需求有限"。在社会财富分配体制确定的情况下,大部分家庭都面临财富约束,这限制了对许多商品(主要是非生活必需品)的消费,造成了实质上的有限需求。

任何商品的需求市场是有限的。在任何特定的区域或国度,有限的人口必然对应有限的市场需求,这意味着任何商品的需求市场是有限的。比如台湾生产的水果自身根本消费不了。假如将台湾完全孤立起来成为一个封闭经济,则台湾每年的水果需求量就是固定的,因为台湾的人口基本是不变的。类似的道理也可以应用于日本,丰田生产的汽车很容易满足日本人总体的汽车需求。如果日本封闭起来考虑汽车需求,总的汽车需求市场也是有限的。伊朗的石油自身需求也是有限的,被美国封闭之后,伊朗的经济就会停滞,这充分说明需求有多重要。

在西方发达经济的工业化发展过程中,其产品(主要是工业品)拥有全球市场,因而,产品销售基本没有遇到多大的市场制约,至少在初期的发展中是不受制约的。随着工业化进程的深入,产品不断多样化,新产品不断产生,意味着不断创造出持续不断的新需求。因而,传统的供给派的市场创造理论在一定的时代背景下,需求的无限性也貌似顺理成章。但随着工业化国家的增多,现代工业化水平的不断提升,人口的有限性和总体市场的有限性日益凸显,国际产品市场的竞争成为制约各国产业发展和经济增长的重要根源。因而,市场和需求的有限性应当成为经济增长理论研究中不可忽视的一个重要因素,其地位不亚于资本、劳动和技术。

综上所述,我们可以认识到,人们对任何具体商品的需求都会是有限的。这是需求有限性的一面,另一方面,按照马斯洛的理解人们的欲望又是无限的。这意味着人们的总体的需求可能是无穷。

第 二 章
有限需求、有限市场及微观效应

在传统宏观经济研究中,通常假设无限生命期的代表性家庭的偏好为 $\int_0^\infty e^{-\rho t} u(C(t)) \, dt$。这里的消费需求实际上代表了家庭对所有具体的商品需求的综合。在斯蒂格利茨的多中间产品的经济中,多种中间商品仍被加成为唯一的终端产品。这自然而然形成了既定认识:人们的需求总是无限的。这一假设掩盖了一个重要的现实:尽管人们对任何具体商品的需求是有限的,但由于人们始终会对新产品有"兴趣",因而在"新生事物"不断涌现的情况下,人们加成的总需求表现为无限的。

传统假设对具体商品的需求的有限性特征的掩盖,也掩盖了许多潜在的经济规律,比如"后现代经济增长停滞"现象的根本原因等。昂森(Hansen)1939 年发表了一个词汇"secular stagnation"(长期停滞)用以描述 20 世纪 30 年代大萧条之后的美国经济。苏梅尔斯(Summers,

2014)认为用其来描述当前的美国经济也非常合适,他认为次贷危机后美国的情况几乎是1938年的"镜面反射"。但戈登(Gordon,2015)分析指出当前的美国经济与1938年的情况并不类似,1938年出现的问题是总需求不足,而非总供给,当时的潜在生产力水平同以往相比没有出现大的不同;而当前的情况是生产力增长几乎停滞。这样的争执表达了对长期经济增长出现持续停滞现象理解的差异:需求 VS 供给。近期关于我国经济增长的讨论同样引致了"供给 VS 需求"的争议。①在传统的无限需求的假设下,这样的争论很难相互说服。但在有限需求的假设下,这样的争论将得到清晰结论。

　　本章首先讨论"有限需求"假设的现实合理性,随后探索如何在此假设下研究增长和周期问题。第一节重点讨论有限需求假设的合理性和关于需求的思想发展过程。这些讨论将在均衡思想体系下展开,并将在有限需求假设下阐述技术进步引致收入差距的基本逻辑。在第二节中,建立模型经济,研究有限需求假设下的基本均衡经济理论。第三节从现实经济中寻找一些事实,对模型理论进行非常简单的验证,我们寄希望将更加严谨的论证和验证留给更高明和更睿智的学者,本章只起到抛砖引玉的作用。第四节总结并提出一些改进需求增长的建议。

第一节　均衡经济与有限需求特征讨论

　　长期经济增长是由供给和需求双方协调一致的共同增长来实现

---

① 以林毅夫为代表的学者强调需求,以蔡昉教授为代表的学者强调供给。

的。单方面的发展都无法真正实现实质的增长,这正是现代宏观经济学均衡理论的思想内涵。供给侧能力的发展是满足不断增长的需求的保障;反之,旺盛的需求是供给能力增长的动力。需求不足会造成供给侧产能过剩,无论是主动去产能或者被动由市场行为淘汰过剩产能,都是潜在生产能力的浪费,都将造成严重的社会成本和福利损失。传统供给学派认为供给会创造需求的逻辑在多大程度上是成立的? 在社会分配结构严重偏斜和扭曲的情况下,新产品是否可以创造出引致整体经济持续增长的动力? 社会总供给和总需求的潜在决定机制以及均衡机制是怎样的? 对这些问题的思考引起对经济学基本假设的重新认识,以及对企图利用供给与需求任何单独一侧去研究和解释经济问题的思潮的严肃批判。

新古典增长理论建立在单侧部门的基础上(如索洛模型),主要研究供给侧的增长规律,并且清晰阐释了技术、资本、劳动(人口)等因素的决定机制。内生增长理论的发展基本确认了技术进步和人力资本增长是决定长期经济增长的根本因素。因而,内生增长以及一致增长理论的框架表面上都是建立在均衡的框架上的,但实际上这些理论都过度强调供给侧的作用,而几乎没有充分考虑需求的影响和作用,基本上都是简单假定需求是无限的,消费者总是希望消费的越多越好。

凯恩斯理论强调需求侧的作用,但在主流分析方法中聚焦点落在了"市场不完备"和"价格黏滞"等基本假设上,这虽然在一定程度上弥补了供给侧理论方法的不足,但对总需求的形成机制,特别是需求不足的影响机制的研究并不充分。因此,至今增长理论领域仍以供给侧研究为主,而长期经济增长问题也被自然而然地认为主要是供给侧的问题。但问题是,供给侧的方案和逻辑是长期内生可持续的吗? 近年全球性的增长停滞是否正在宣告这一逻辑不成立? 需求到底有多重要?

凯恩斯学派非常重视"市场需求"或"市场"与"需求",现代的经济学家们也大多认同"需求"具有重要的拉动经济的作用("三驾马车"之二)。但"需求"主要被用来讨论其在短期的作用,几乎没有被嵌入到长期经济增长的框架中。内生增长的框架看似有需求侧的身影(代表性家庭的需求),但实际上隐含了一个假定,即家庭部门有永恒无限的需求。这其实意味着家庭部门构成的需求侧的商品市场永远是不饱和的,是无限的。但这不符合实际!

经济学家们关于消费需求的研究由来已久。早期的观察认为影响消费的因素很多,从偏好、文化、习惯、心理,到政策、供给水平、营养认知等,但最主要的影响因素是收入水平。我们从初级宏观经济学的教科书中就开始接受消费是收入的函数,收入越高,消费需求越高。在社会总供给水平偏低的时代,几乎没有人去质疑其合理性。但我们观察到,20 世纪初西方国家已经普遍度过了"物质"的年代,生产力水平已经很高,人们不再为食物担心,平均消费倾向已经非常稳定,并趋于理性。我们发现大多数人如果不是工作的需要,一般不会去买正装,而更倾向于购买舒适廉价的服饰;越是富裕的人们越注重素食。日本其实也经历过类似的"疯狂消费"到"理性消费"的跨越,当前中国消费者满世界购物的现象正是几十年前日本消费者行为的重现。这些现象说明,将消费需求笼统地理解为收入的递增函数是不恰当的。无论从分类商品的角度还是总消费水平来看都有足够的数据显示,消费需求不是收入的递增函数。表 1-2 美国的家庭消费数据说明,长期来看基本商品消费占收入的比重是持续下降的。

理论方面关于消费行为的研究也并没有停止。戈登（Gordon，1933）提出了"消费习惯形成"（habit formation）的概念，之后一系列的研究广泛讨论了人们的这种潜在的"消费习惯"的影响。波拉克（Pollak，1970，1971）都假定存在一个潜在的或者合意的需求水平"b"，这个b被理解为"习惯"。切蒂、塞德尔（Chetty，Szeidl，2016）又提出了"消费承诺"（consumption commitment）的概念①，实际上也是假定人们的消费有潜在的"倾向"水平。但这些关于消费的研究都是基于消费总量的观察和刻画，太"宏观"了，并不能准确刻画实际的商品的需求行为，因为所有家庭对具体分类的商品的消费需求行为并不是"habit"或"commitment"能够反映的。

在第一章中我们已经讨论到，现实中，任何家庭的任何商品需求都是有限的。"有限需求"有主观和客观两种形成可能。一种是主观需求的饱和，另一种是受客观财富约束而形成的"需求有限"。以及在有限需求假设下，任何商品的需求市场是有限的。但在传统的宏观经济学理论框架中，消费需求总假设为无限的。改变这种假设将会产生怎样的影响？本书将建立一系列假定有限需求和有限市场的模型，从不同角度研究增长问题（增长停滞问题、增长可持续性问题、收入差问题等）。

在本章的模型中，在假定对于任何商品的需求有限的条件下，经济增长的实现取决于供给与需求的平衡，供给小于需求时，潜在的需求是

---

① 这篇2016年发表在 *Econometrica* 的文章实际上写于2004年，因而，"消费承诺"这个概念实际上早已广为流传。

增长的动力,增长速度取决于供给侧进步的速度;供给能力大于市场需求时,部分产能过剩,经济增长取决于需求的增长。技术进步存在两种效应。纵向技术进步促进生产效率增长,同时也引致收入分配差异(见本章第二节证明);收入分配差异积累过大,导致总需求增长下降,劳动参与率和贡献率不足,创新率也会下降,进而技术进步和产出率下降。横向产品创新可以创造新需求,但受制于市场总需求能力,且任何新产品进一步的发展同样引致收入差别,最终市场总需求能力受到经济中财富分配结构的制约。因而,家庭财富结构成为制约长期经济总需求可持续增加,进而制约长期经济增长的根本因素。

在上述机制中,除了"技术进步会引致收入差扩大"之外,其余逻辑都是被广泛认同的,因此我们需要重点说明:技术进步为什么,以及如何引致收入差距的扩大。

资本家追求极大利润和效率是资本主义经济发展的原动力。举例来说,一个小企业雇佣10个工人进行生产,一项小的技术改进推动了其机器设备的工作效率,于是按照原定的生产计划和固定的市场份额(基于有限需求假设),企业家发现辞掉一个工人用于改进技术可以同样完成当期的生产计划,这样在后期的生产中就净降低了劳动成本。因而,此项技术进步实际上是将本应该在后期的生产活动中分配给工人的生产利润部分,划归企业家了。于是,劳动者群体收入水平可能下降了10%;而这一劳动者下降的10%现在成为资本家收入增长的部分。在这个过程中,技术进步扩大了财富分配的差距。由于劳动者技能改进需要更长的周期,特别是对年龄偏大的劳动者来说,技能已经固化,他们失去因为技术进步而被机器替代的工作后,就有可能永远失去了通过劳动获得收入的机会,即失去了参与分配的机会。而资本家在此后多期的生产中持续增加了技术进步引致的分配增加额。因而,在实际的财富积累过程中,这一技术进步引致的收入差还要比单次 10% 的劳动者群体的下降大得多。

第二节　模型经济

本节将考虑一系列基于商品需求有限假设的模型。传统的经济学模型中关于消费品需求通常是不分品类地加总商品的总需求。这样看起来人们的总需求似乎总是无限增长的,但当我们分类考察人们对商品的需求时就会发现,人们对大多数商品的需求其实都不是无限的。此外,人们对商品的需求是有先后顺序、有层次的。比如,人们会首先满足基本的生活需求(存活要求),我们把基本的生活必需品归为第一需求类,如衣、食、住(房产自住部分)及日用品等。第二类是生活便利型商品,这类商品可以改善生活质量,但没有也不会影响生存,如洗衣机、电视机、音响、汽车等。对于这类商品,人们只会在满足第一类商品需求的基础上才去考虑。第三类可以称为奢侈品类,如高尔夫球场、豪华游艇、私人飞机、高级俱乐部会员卡等。这类商品大多数人因受财富约束而无需求。在相对贫困的经济中或在经济发展相对初级的阶段,人们主要以满足基本生活需求为总目标;而在相对发达的经济中,人们的主要需求目标体现在生活便利和奢侈品的增加。类似地,我们还可以把不同商品分得更细致一些,不同发展阶段的差异也会分别考虑。

同时,对任何具体商品的需求会有内部需求和外部需求,也将分别考虑。但为了清晰易懂,我们先从单一商品的孤岛型封闭经济开始,然后渐次展开。在此之前先从对效用函数的假定开始讨论。

一、效用函数与需求

关于效用函数的讨论是研究消费行为的关键。在"消费习惯"假设下,Pollak(1970)的效用讨论深刻而权威,文中讨论了几种效用形式(形式不同,但本质类似,这里仅讨论一例),其中第一种形式为

$$U(X) = \sum_{k=1}^{n} a_k \log(x_k - b_k) \quad a_i > 0, (x_i - b_i) > 0, \sum a_k = 1 \quad (2.1)$$

其中,"bi"表示消费者对商品"xi"的"习惯需求水平"。对应的需求函数为

$$h^i(P, \mu) = b_i - \frac{a_i}{p_i} \sum_{k=1}^{n} b_k p_k + \frac{a_i}{p_i} \mu$$

$$= b_i + \frac{a_i}{p_i} \left(\mu - \sum_k b_k p_k \right) \quad (2.2)$$

其中,μ 表示总收入水平,P 表示价格水平。

由式(2.2)可以看出,当收入水平不断增长,第二项括号内的部分为正,这意味着商品需求会随着收入增加而增加。但现实中几乎所有商品的需求都是有饱和状态的。所以,消费习惯假设无法刻画"有限消费需求"的可能。

Chetty,Szeidl(2016)为了刻画他们的"消费承诺"假设,考虑将消费分类为一般消费流 a_t 和"耐用大宗消费品"(如住房)x_t(这部分是

23

其刻画消费承诺的关键）。积累效用假定如下：

$$E\int_0^\infty e^{-\rho t}\left(k\,\frac{a_t^{1-\gamma}}{1-\gamma} + \frac{x_t^{1-\gamma}}{1-\gamma} \right) dt \tag{2.3}$$

其中，$x_{t-} = \mathrm{limsup}_{s\nearrow t}x_s$（数学含义"上确界"），当 $x_t \neq x_{t-}$ 时，需要付出成本 $\lambda_1 x_{t-} + \lambda_2 x_t$。

由此可见，"承诺消费" x_t 的调整会有一个巨大的货币成本，因而消费者会有潜在的遵守既定消费水平的"承诺"，从数学原理来讲，相当于优化中的"罚"函数的效应。这里定义的耐用品"上确界"虽然也有类似"有限消费需求"假设所致力于刻画的"上界"效应，但也有显著不同，因为在该模型中理论上仍是允许消费突破"上确界"的。因而，"消费承诺"假设刻画了收入水平极高后，即存在足够能力无视调整成本时，人们会有调整"大房子"的潜在欲望和需求。这的确有其合理性，但这种依据特定商品（比如住房）证明存在的合理性并不能排除一般理论意义下其存在无限放大需求的潜在"不合理性"，即人们会持续无限扩大其住房需求吗？人们可能有追去住大房子的潜在倾向，但多大是合意的"大"呢？无论如何，基于理性的判断，这个"大"决非是无限大。

综上分析，无论"习惯消费"还是"承诺消费"假设都存在显著的缺陷，都不能刻画真实的对具体商品需求的行为。因而，存在基于"有限需求"假设来刻画更加真实的消费行为的必要。为了刻画这一特征，我们引进一个特殊的效用函数：

$$u(c_t) = u\left[c_t\left(1 - \frac{c_t}{c} \right) \right] \tag{2.4}$$

这一效用函数的特征是当消费 c_t 接近上限 c 时（ c 类似于上面"消费承诺"机制中的"上确界"或"消费习惯"机制中的" b "），效用会迅速下降，这实际上使得每一个理性个体会存在一个不超过 c 的最优消费水平。这一效用并非指过多的消费必然对应下降的效用，而是在于刻画理性的消费行为必然有"有限的最优的消费需求"（后面将证明），传统的偏好函数基本上不能刻画这种特征。

二、单一商品的封闭经济与纵向技术进步效应

本节首先考虑一个类似于孤岛的封闭经济。经济中有唯一的商品（生存必需品）。假定岛上有 N 个偏好相似的家庭（因此人口以及人口结构是相对稳定的）①。假定个体平均的最大消费需求是有限的，超过此限额并不能带来效用的增加，同时假定经济中存在随机的纵向技术创新行为。假定技术创新由企业在生产过程中实现，是劳动过程的产物②。

工人家庭最优行为：首先考虑一个一般劳动者家庭的最优需求行为。家庭收入来源于家庭财富积累加工资收入或失业救济金，家庭支出包括经常性消费需求和消费剩余的储蓄（负储蓄表示借贷）。

$$max \sum_{t=0}^{\infty} \beta^t u\left[c_t\left(1 - \frac{c_t}{c}\right) \right] \tag{2.5}$$

---

① 为了聚焦于核心问题，假设稳定的人口结构特征可以排除因人口结构问题引起变化的可能。

② 遵从阿罗（Arrow，1962）的"learning by doing"思想。

$$\text{s.t: } S_{t+1} + c_t = (1 + r_t) S_t + w_t P_t + v_t(1 - P_t) \qquad (2.6)$$

其中，S 表示家庭储蓄，c_t 是家庭消费，c（不带下标）表示家庭所需要的最大消费水平，家庭效用函数用 u 表示。在本书的偏好假设下，实际消费低于 c 是正效用，超过 c 是负效用，等于 c 效用为 0。w 是劳动工资，v 是失业补贴，P 是失业概率。

有 Euler 方程：

$$u'\left[c_{t+1}\left(1 - \frac{c_{t+1}}{c} \right) \right]\left(1 - \frac{2 c_{t+1}}{c} \right) = \frac{1 - 2 c_t/c}{\beta(1 + r_{t+1})} u'\left[c_t\left(1 - \frac{c_t}{c} \right) \right]$$

下面考虑几种特殊情况。

Case I：假定经济有可实现的稳定的预期利率水平，并且有不变的常边际效用，即 $r_t = r$ 为一固定常数。$u'(\cdot) = 1$。此时可得：

$$c_{t+1} = \gamma c_t + (1 - \gamma) c/2, \quad \gamma = \frac{1}{\beta(1 + r)} < 1$$

$$= \cdots = \gamma^{t+1} c_0 + \left[\frac{(1 - \gamma) c}{2} \right] \sum_{i=0}^{t} \gamma^i \xrightarrow{t \to \infty} c/2 \triangleq c^*$$

这说明在稳定均衡状态下，家庭有限的常最优消费水平为 $c/2$。

Case II：仍假定 $r_t = r$ 常数。但更改假定 $u'(c) = 1/c$，即假定对数效用。此时可得：

$$\varphi(c_{t+1}) = \varphi(c_t)/\gamma, \quad \varphi(c_t) = c_t - \frac{c}{2} - \left(\frac{c}{2} \right)^2 / \left(c_t - \frac{c}{2} \right)$$

由此可以解出：

$$c_{t+1} = \frac{1}{2}\left[\left(c + \frac{1}{\gamma}\varphi(c_t) \right) + \sqrt{c^2 + \frac{\varphi(c_t)^2}{\gamma^2}} \right] \qquad (2.7)$$

简单处理可以得到上、下确界序列关系：$c \le c_{t+1} \le c + \frac{1}{\gamma}\varphi(c_t)$，对任

意 t 成立。其中,下确界是常数 c。上确界序列 $c_{t+1} = c + \dfrac{1}{\gamma}\varphi(c_t)$,有稳定点:

$$c^{**} = \left(\frac{1}{2} + \alpha + \sqrt{\frac{1}{2}\beta + \alpha^2} \right) c > c$$

其中,$\alpha = \dfrac{1 - 1/2\gamma}{1 - 1/\gamma}$,$\beta = \dfrac{1}{1 - 1/\gamma}$。

由于上下确界序列都有确定的稳定值,消费序列式(2.7)的稳定点(假定存在)必然在上下确界稳定点之间,因而必是有限的。

命题 1:在模型经济有限消费假设下,均衡的家庭消费需求是常数①。

企业家家庭行为:假定代表性企业家家庭有类似的效用。

$$max \sum_{t=0}^{\infty} \beta^t u\left[c_t^e \left(1 - \frac{c_t^e}{c}\right) \right] \tag{2.8}$$

$$\text{s.t:} \ W_{t+1} + c_t^e = (1 + r_t) \, W_t + V_t \tag{2.9}$$

其中,W 是家庭财富,c^e 是企业家家庭消费,c 表示固定的家庭消费水平,V 是企业利润。

有 Euler 方程:

$$u'\left[c_{t+1}^e \left(1 - \frac{c_{t+1}^e}{c}\right) \right] \left(1 - \frac{2c_{t+1}^e}{c}\right) = \frac{1 - 2c_t^e/c}{\beta(1 + r_{t+1})} u'\left[c_t^e \left(1 - \frac{c_t^e}{c}\right) \right]$$

$$\tag{2.10}$$

由于同一般工人家庭有相同的需求方程结构,有相同的解,因而有

---

① 传统内生增长经济框架下,均衡的消费水平是沿平衡增长路径(BGP)持续增长的。

同样的有限的均衡需求水平 c（对数效用下），或 $c/2$（常边际效用下）。

企业最优化问题：$V_t = max[(1 - \tau) A_t k_t^{\alpha} n_t^{1-\alpha} - n_t w_t - r_t k_t]$

$$(2.11)$$

其中，τ 为政府对企业产出征收的一揽子税，k_t 为资本，n_t 为企业雇佣的劳动。

由一阶条件得到：

$$w_t = (1 - \tau)(1 - \alpha) A_t \left(\frac{k_t}{n_t}\right)^{\alpha} = (1 - \tau)(1 - \alpha) y_t / n_t \quad (2.12)$$

$$r_t = (1 - \tau) \alpha A_t \left(\frac{k_t}{n_t}\right)^{\alpha - 1} = (1 - \tau) \alpha y_t / k_t \quad (2.13)$$

技术创新发生时（这里我们假设资本和劳动市场是完全竞争的），假设产品需求稳定不变，生产产品数量计划不变，因而资本品使用不变①。但由于技术进步提升了生产效率，实际所需总劳动下降。如式（2.14）所示：

$$n_t^{\tilde{}} = \left[\frac{y_t}{A_t^{\tilde{}} k_t^{\alpha}}\right]^{1/(1-\alpha)} \quad (2.14)$$

$$V_t^{\tilde{}} = (1 - \tau)(1 - \alpha) y_t \left[1 - \left(\frac{A_t}{A_t^{\tilde{}}}\right)^{1/(1-\alpha)}\right] \quad (2.15)$$

假定失业补贴来源于总生产税：

———————————

① 生产数量不变，生产效率提高，是否可能可以同时减少资本品和劳动的使用，甚至可能只减少资本品，而不减少劳动的使用呢？不会。因为一般而言，商品的生产效率可以提升，但所需要的物质资料并不能减少，不排除一些极端个案。但基于一般情况假定产品生产不能减少资本品使用。

$\tau y_t = (N - n_t) v_t$，由此有：$v_t = \tau y_t / (N - n_t)$， (2.16)

所以，创新发生后有：

$$n_t^{\sim} w_t + (N - n_t^{\sim}) v_t$$

$$= (n_t^{\sim} - n_t + n_t) w_t + (N - n_t^{\sim} - n_t + n_t) v_t$$

$$= (n_t^{\sim} - n_t) w_t + n_t w_t - (n_t^{\sim} - n_t) v_t + (N - n_t) v_t$$

$$= - (n_t - n_t^{\sim}) (w_t - v_t) + n_t w_t + (N - n_t) v_t$$

$$< n_t w_t + (N - n_t) v_t \quad (因为 v_t < w_t, n_t^{\sim} < n_t) \quad (2.17)$$

由式(2.14)可知，技术进步引致就业下降；由式(2.15)知企业利润上升；由式(2.16)有失业补助增加；式(2.17)说明工人家庭部门总体收益下降。故有下面结论：

命题2：在有限需求假设的经济中，(纵向)技术进步导致一般工人家庭部门总收入下降[1]，企业家部门收入上升，因此，(纵向)技术进步引致收入差扩大。

由于社会总产出水平 y^* 取决于总需求水平 $N c^* + c^{**}$，而社会总需求水平增长为零，因而，总产出水平增长为零。因而有：

命题3：在需求饱和的经济中，(纵向)技术进步不能推动经济增长，社会经济达到需求饱和水平后出现"停滞现象"。

这一命题给出了一个对汉森(Hansen, 1939)首先提出，戈登(Gordon, 2015)进一步强调的长期经济增长"停滞现象"的一种解释。

综上分析，我们看到在基本符合实际的假设条件下，技术进步不但

---

[1] 李稻葵等(2009)中的图1显示，1990—2006年，劳动者收入比重从55%下降到40%。

没有促进长期均衡的经济增长,还引致收入差距的扩大。这一结论还可以在斯蒂格利茨类的模型中获得。我们假定中间物品生产是由一个相互链接互为上下游的产品生产企业构成的连续统,每一个中间品由一家代表性的企业垄断生产,最终商品是这些商品的连续加成。由于最终端产品的总需求是有限最优的,则所有处于连续统中的中间商品的需求量按照逆需求关系就是有限确定的。因而,任何一个环节的技术进步只是改进产品的生产效率,而不会增加产品的总供给量,因此其结果和本节模型效应是一样的:纵向技术进步,同样不会引致增长,只会减少就业,扩大收入差。

三、多种商品的封闭经济与横向技术进步

为了说明横向产品创新,需要假定横向产品的多样性。假定每期有完全不同于现有产品的新产品被随机发明出来。在上文的有限需求假设模型经济中,纵向技术进步不但无法创造更多的需求,反而会恶化收入差距,从而在根本上降低总需求。本节考察横向创新是否能创造出可持续的需求。

考虑一个经济中已有 Jt 种不同类型的商品,消费者对这些商品的需求按照需求的刚性排序,随着顺序的增加,商品的必要性逐渐降低。比如,1 号商品可以是食品、衣物等生活必需品的综合,对这类商品的需求是绝对刚性的。其次如手机等,日益成为准生活必需品。又如一些日用电器(冰箱、电视、洗衣机等),这类商品对生活也很重要,但其级别低于衣食。再如电脑、汽车等,重要程度又会低于日用电器。最

后,如私人飞机、豪华游艇等属于奢侈品行列,消费需求的必要性程度逐渐降低,为此我们假定其权重逐渐减少。

$$\theta_1 > \theta_2 > \cdots > \theta_{J_t} \tag{2.18}$$

我们把这种偏好特征假定为一般化行为特征。

(一)无财富约束的家庭(有消费剩余和资产储蓄)有如下最优化问题:

$$max \sum_{t=0}^{\infty} \beta^t \sum_{i=1}^{J_t} \theta_i \left[c_t^i \left(1 - \frac{c_t^i}{c^i} \right) \right] \tag{2.19}$$

$$s.t: S_{t+1} + \sum_{i=1}^{J_t} c_t^i = (1+r_t) S_t + \sum_{i=1}^{J_t} w_t^i n_t^i$$

解之有 Euler 方程: $\left(1 - \frac{2c_t^i}{c^i} \right) = \frac{1 - 2c_t^i/c^i}{\beta(1+r)}$,解之得:

$$c_{t+1}^i = \gamma c_t^i + \frac{(1-\gamma) c^i}{2} , \gamma = \frac{1}{\beta(1+r)} < 1 \tag{2.20}$$

$$= \cdots = \gamma^{t+1} c_0 + \left[\frac{(1-\gamma) c}{2} \right] \sum_{i=0}^{t} \gamma^i \xrightarrow{t \to \infty} c^i/2 \triangleq c^{i*} \tag{2.21}$$

式(2.21)表明,均衡状态时每一种商品的需求都达到饱和,因此可以得到以下命题。

命题4:对于无财富约束的家庭,偏好结构不影响需求结构,总需求饱和后增长停滞,财富增长对于总需求的可持续增长没有贡献。

(二)有财富约束的家庭

假定有财富约束的家庭收入不足以消费全部产品,只能消费有限商品,自然也没有消费剩余(储蓄),则最优化问题可以简述为

$$max \sum_{t=0}^{\infty} \beta^t \sum_{i=1}^{J_t} \theta_i \left[c_t^i \left(1 - \frac{c_t^i}{c^i} \right) \right] \tag{2.22}$$

$$\text{s.t:} \sum_{i=1}^{J_t} c_t^i = \tilde{w_t}$$

为了研究的便利,假定每期有一种新商品被创新出来,则上述问题总可以转化为相对简单的两类商品问题:原有(旧有)商品的加成商品与新生商品。下面我们考虑只有两类商品的情形(即原有商品的加总和新产品,假定新旧商品之间没有替代性),则优化问题可简单表述为

$$max \sum_{t=0}^{\infty} \beta^t \sum_{i=1}^{2} \theta_i \left[c_t^i \left(1 - \frac{c_t^i}{c^i} \right) \right] \tag{2.23}$$

$$\text{s.t:} \sum_{i=1}^{2} c_t^i = \tilde{w_t}$$

其中,W_t 表示家庭即期收入水平,带有弯弯符号表示随机量。有最优条件方程:

$$\theta_1 \left(1 - \frac{2 c_t^1}{c^1} \right) = \theta_2 \left(1 - \frac{2(\tilde{w_t} - c_t^1)}{c^2} \right) \tag{2.24}$$

结合式(2.24)解之得到两种商品的需求关系:

$$c_t^{1*} = \frac{c^1}{2} + \frac{1}{\mu1 \mu2 + 1} \left[\tilde{w_t} - \frac{c^1}{2} - \frac{c^2}{2} \right] \tag{2.25}$$

$$c_t^{2*} = \left(\tilde{w_t} - \frac{c^1}{2} \right) \left(1 - \frac{1}{\mu1 \mu2 + 1} \right) + \frac{1}{\mu1 \mu2 + 1} \frac{c^2}{2} \tag{2.26}$$

其中,$\mu1 \triangleq \frac{\theta_1}{\theta_2}$,表示两种商品的偏好权重比;$\mu2 \triangleq \frac{c_1}{c_2}$,表示两种商品的饱和需求之比。在家庭财富约束假设下(收入不足以支付全部商品的饱和需求),有下面结论。

命题 5:对于有财富约束的家庭,当 $\tilde{w_t} < \frac{c^1}{2} + \frac{c^2}{2}$ 时,偏好结构决定商品的需求结构;财富水平决定总需求水平。旧商品相对于新商品

偏好权重比 $\mu 1$，以及旧商品相对于新商品的饱和度比 $\mu 2$，与旧商品最优需求 c_t^{1*} 都呈正的关系，与新商品最优需求 c_t^{2*} 都呈负的关系。

（三）增长问题

在市场均衡的逻辑下，总产出等于总需求，即 $y_t = \sum_{i=1}^{J_t} c_t^i$。因此，产出的增长表现为需求的增长，由此可得产出的增长：

$$y_{t+1} - y_t = \sum_{i=1}^{J_{t+1}} c_{t+1}^i - \sum_{i=1}^{J_t} c_t^i$$

$$= c_{t+1}^{J_{t+1}} + \sum_{i=1}^{J_t} (c_{t+1}^i - c_t^i)$$

$$= c_{t+1}^{J_{t+1}} + \gamma \sum_{i=1}^{J_t} (c^i/2 - c_t^i) \qquad (2.27)$$

式（2.27）表明，产出增长依赖于两个部分的需求，第一项是新产品的需求，第二项是原有产品的增量需求。当原有产品的需求都达到饱和状态，第二项为 0。此时，只有第一项，即新产品的需求成为拉动增长的主要动力。综上有：

命题 6：无财富约束的家庭对持续增长没有贡献；经济长期可持续增长依赖于有财富约束的家庭对于未饱和部分商品和新产品的持续需求拉动；原有商品的饱和期越长，对增长的拉动期就越长，但没有持续性效应。

由上述讨论，可以发现：国家经济总体长期可持续增长依赖于中低收入家庭收入水平的不断提高，从而保持持续旺盛的需求动力。财富分化严重导致财富过度集中到少数人手中，这不利于长期可持续增长，原因在于富人的大部分财富不创造真实的商品需求。富人对于艺术品、奢侈品等的需求对于奢侈品产业有一定贡献，但不能形成对一般性商品的需求的增长，对总体经济增长贡献极小。特别是对发展中经济体来说,财富分配悬殊对于长期可持续增长极端不利。在发展中经济中,总需求主要集中在一般性物质商品,财富约束对于需求增长的制约是影响长期经济增长的主要原因。

(四)理论总结评述

对于上述基于"有限需求"假设所得的理论,可以归纳为以下几点:

要点 1:长期经济增长极大地制约于社会需求。需求是推动生产的重要动力,没有需求的创新无法获得支持,无法"实现";超过需求的供给不能通过市场出清而获得社会的"认同/承认",同样无法"实现"。创新和生产无法"实现",经济增长就会停滞。

评述:实际的社会经济发展取决于总供给和总需求的均衡水平的不断进步,单方面的进步不能构成实际的进步。在生产力相对落后的发展阶段,供给能力远远落后于需求,因而,供给的增长水平就是实际的增长水平,在此阶段供给决定增长。但到了工业化充分发展的阶段,基本需求得到充分满足之后,增长的实现越来越清晰地展示出需求决定的特征①。生产者首先要调查并准确预测市场需求,制定正确的生产计划,才能创造利润。需求的变化决定生产者的计划调整。需求增长,经济就能增长;需求停滞,经济增长就停滞。增长越来越清晰地表现为需求的增长,或新需求的不断发现。社会的供给能力和社会生产

---

① 洪银兴(2013)指出:"我国经济发展的发动机由投资拉动转向消费需求拉动经济增长。"孙豪(2015)指出:"大国经济增长主要依赖内需驱动,选择消费主导型增长模式。……不同类型国家的增长模式选择不同;处于不同发展阶段的国家消费主导型程度不同,经济增长模式最终趋于消费主导型。"

必须尊重需求才能实现价值。因而,市场的关系已经清晰地表现为"需求决定生产"。

要点2:现实经济中既有纵向的技术进步,也有横向的创新发展。纵向的技术进步不能促进需求增长,反而倾向于扩大不同消费者之间的收入差距,导致财富逐步聚集。而社会财富的过度聚集不利于长期经济增长,因为聚集在少数富裕群体的社会财富不能形成有效的需求,从而不能促进增长。横向的创新发展可以促进社会总需求的增加,从而推动经济增长。但横向创新发展对经济的长期可持续增长的推动作用会受到社会财富结构、一般社会家庭偏好结构,以及新旧产品饱和度量对比值等的影响。

评述:任何新技术的发展都能促进人类文明进程不断升级,但不同的技术创新所起的作用有很大不同,甚至同类的创新在不同的阶段所起的作用也不同。纵向改进性的技术进步能提高生产效率,带来的影响主要是减少了工人劳动的投入,而不是工人工资的提高,或者工人工资提高的幅度远低于资本收益增长的幅度,由此造成资本与劳动收益差距的扩大。新的横向创新发展会增加所有人的需求,也会增加就业,带来社会财富的总增加,表现为经济的总增长。但富人群体可以很快充分实现对新产品的需求,因而,在大多数时间内,对新产品保持渴求状态的是一般家庭(受财富约束的群体)。因而,财富结构会影响到增长的持续期,增长的质量也决定于财富的结构①。很多家庭不是没有对新产品的需求倾向,而是他们的收入仅够维持基本的生活需求。

---

① 沈坤荣、刘东皇(2012)指出:"居民收入分配的不合理等都严重地制约着我国居民消费的增长。"

要点3：一个（规模）确定的经济,对某种创新产品的市场总需求到达饱和期之前①,该商品的生产受到市场需求推动,能够拉动经济实现增长。市场越大（经济规模越大）,平均商品饱和期到达的时间越久②,单项创新拉动经济增长的贡献期越长。但在规模确定的市场中,任何创新商品的总需求是有限确定的,是有饱和期的。到达饱和期后,该商品就会失去继续拉动增长的效应。

评述:经济的规模决定了所有商品的需求市场的规模。比如一个国家的总人口数就决定了对汽车总需求的大概的上限。如果这个国家同时投资上马总需求量一半的生产产能,则两期就是汽车市场的饱和期,那么所有的产能还没有回收成本就已经进入淘汰期,这样也就谈不上任何的经济增长的贡献。但如果该国一开始就控制总上马产能为总需求③上限的1%。而且此后不许扩大生产规模。考虑到纵向技术进步引致后期效率的改进,则饱和期大约至少有50期,则可以实现经济增长的期限至少可以有50期。这样企业有足够的时间收回成本实现盈利。企业盈利只有在足够的时间和资本的有效积累（包括人力资本的积累）下,才能逐步形成内生创新研发的能力,才能逐步实现可持续升级发展。国家实现经济增长和企业实现盈利是一致的,经济中每一个产业都能实现可持续的内生创新发展,则国家经济才能实现整体的

---

① 实际上达到最优需求水平（命题6中带有星号的需求水平）之后,该产业产能就会出现过剩,拉动经济增长的作用就开始下降。

② 这取决于产业政策设置,为避免一哄而上的瞬灭式发展格局（类似光伏案例）,也为保护产业盈利周期足以培养出产业创新的内生能力（可持续发展需要）,需要限制进入新产业的资质和规模,要根据市场容量计算产能投入量。

③ 此处重在理论讨论,暂时不考虑产品使用寿命等精确计量问题。

内生可持续发展。反之,在一个缺乏管制的无序经济中,每个新产品创新出来,大家一哄而上,结果没有一家能够实现盈利,反而造成社会资源的巨大浪费,经济必将陷入永久的陷阱。

第三节 基于实际经济事实的验证

根据前文的分析,假定初始经济处于技术和资本相对落后和低端的状态,即紧缺型经济状态,此时生产力水平较低,劳动集约式的生产(劳动大量甚至全部投入)仍不能充分满足需求。此时技术进步改进生产效率,有严格正的产出增长效应。此时的资本和劳动同等重要,在完全竞争假设下各自获得边际收益,技术进步将同时增加两者的边际收益,即各自的价格。这说明此时技术进步同时增加两部门的收入水平。但随着财富(资本)积累水平的提升和技术进步达到更高的水平,产出逐渐接近人们的饱和需求水平,即进入"饱和经济状态"。此时产出增长逐渐下降,直到需求完全达到饱和水平,产出增长将出现停滞。这样的理论分析能否得到现实的验证呢?

一、有限需求假设及需求饱和现象的调查

据研究,美国家庭平均住房支出占33%,汽车交通支出占17%,两项合计占总支出的50%;医疗保健支出为7%,保险支出为11%。美国前1%最富者年收入在38万美元以上,前25%最富者年收入在6万美

元以上,最富的人有资金购买股票、债券、基金或其他金融投资、奢侈品等①。而在穷人家庭中,消费则以生活必需品为主,比如食物和衣服。美国 20 世纪 50 年代后,家庭经营收入基本稳定;食品与住房、交通运输基本保持稳定水平;家庭医疗护理费用显著持续增长;娱乐与金融服务微涨。美国这样的动态特征,基本符合"有限需求"的基本假设。人们基本的生活需求是比较稳定的,呈现微弱下降然后基本稳定的情形。交通运输和娱乐长期基本稳定。比较显著的新增需求主要表现在医疗保健方面,这表明人们的需求层级上升到了一个新层次,因而,健康产业的供给是经济新增长点。由此可以看出,美国经济的长期动态特征基本与上文的主要理论结果一致。

根据厦门大学宏观中心研究团队的报告,主要发达经济的消费率,除日本表现为微弱增长外,基本呈现比较稳定的水平,这表明这些经济都基本进入了需求饱和的状态。而低收入和发展中经济消费率基本表现为微弱下降,这表明这些经济处于较快增长的过程中,刚性的消费需求的相对份额下降,这是合理的,如表 2-1 所示。巴西、印度、南非的消费需求表现比较波动,但大趋势也基本稳定。这个表反映了一个事实:(1)在增长处于稳定状态的发达经济中,消费的份额都是稳定的,这说明在这些经济中,需求是饱和的。或者也可以解释为:发达经济基本上消费需求是稳定饱和的,因而发达经济增长基本上是停滞的。(2)在处于增长状态的发展中经济和落后经济中,消费份额下降说明

----

① 龚蕾译:《美国人家庭支出消费有哪些变化》,2015 年 7 月 21 日,见 http://www.theatlantic.com/business/archive/2012/04/how – america – spends – money – 100 – years – in – the – life – of – the – family – budget/255475/。

三种可能:基本消费需求饱和、消费增速低于经济增长速度、外部需求的影响。

在表 2-1 中,中国的消费数据最为显著,表现出明显的单调下降的态势,其原因并非完全说明中国基本消费需求的饱和。从中国的财富结构来看,仍有约 80% 的家庭消费/支出比在 70% 以上,有接近 50% 的家庭消费占去几乎全部收入,如表 2-2 所示。这样的家庭财政紧约束局面表明,他们的需求不可能是饱和的,而是家庭财务约束型的。同时,表 2-2 反映出,80% 家庭的住房占家庭资产的 80% 以上,剩余 20% 富裕家庭的住房财产占比在 70% 以上。由于住房的双重属性,既是投资品,又是消费品,因此房产消费占去了极大部分的消费份额,近年房价的大幅度上涨,挤压了大部分家庭的一般消费支出。这些因素都构成中国消费率下降的原因。从表 2-1、表 2-2 的对比来看,表 2-2 中只有处于前 20% 的家庭消费接近表 2-1 估计,有 80% 的家庭消费率远高于表 2-1 估计(即便是作者修正后的结果)。这显然意味着 80% 家庭的财富权重极低,前 20% 家庭的消费贡献权重极高,因此总平均数据略高于前 20% 的消费率。由表 2-2 不难算出,80% 家庭的储蓄占总储蓄的比例为 19.8%(前 20% 家庭的储蓄占总储蓄的 80.2%)。在未来价值预期高度不确定的环境下,低于 20% 的储备率是不安全的,这在国际上是绝对罕见的,比表 2-1 中的低收入国家还要差一些。这决非是因为这 80% 的家庭是风险偏好型的,这恰恰说明相当大部分家庭是受财富约束的,其消费需求是未饱和的,因而其消费潜力也是巨大的,持续的财富分配改善将有利于改进消费需求的空间。

表 2-1　2004—2012 年世界上不同收入类型国家和地区的居民消费率

单位:%

	2004 年	2005 年	2006 年	2007 年	2008 年	2009 年	2010 年	2011 年	2012 年
世界	58.06	57.73	57.17	56.97	57.14	58.22	57.52	57.56	57.77
经合组织成员国	60.43	60.37	60.07	59.85	60.32	61.08	60.82	60.98	60.96
低收入国家	76.77	76.84	77.08	75.16	80.14	80.33	76.77	74.50	77.10
中等收入国家	54.11	53.37	52.09	51.87	51.22	52.86	51.39	51.42	52.14
中高等收入国家	51.15	50.40	49.13	48.54	47.98	49.69	48.37	48.29	49.19
高收入国家	59.50	59.33	59.05	58.87	59.36	60.22	59.84	59.89	59.87
中国官方统计	40.52	38.93	37.08	36.13	35.34	35.43	34.94	35.75	36.00
李文溥等重估	49.35	48.22	45.74	44.42	42.34	44.09	43.09	42.80	43.21
日本	55.53	55.62	55.88	55.68	56.64	58.49	57.75	58.25	58.64
韩国	51.37	52.20	52.78	52.38	52.43	51.65	50.32	50.96	51.37
美国	67.29	67.16	67.15	67.35	68.03	68.29	68.18	68.88	68.40
英国	66.35	65.93	65.28	65.03	65.74	66.13	65.57	65.26	65.71
巴西	60.21	60.50	60.44	59.87	59.73	61.96	60.22	60.27	61.41
泰国	55.87	55.84	54.45	52.55	53.64	53.07	52.18	52.96	52.96
马来西亚	44.00	44.19	44.34	45.15	44.71	48.84	48.12	47.97	49.65

数据来源:李文溥等:《居民消费能否成为现阶段拉动我国经济增长的主动力》,《经济学参考》
2019 年第 1 期。

表 2-2　2018 年不同层次家庭资产结构表

家户数量占比	0—20%	20%—40%	40%—60%	60%—80%	80%—100%
房产占比(%)	82.9	83.5	82.7	80.5	71.2
金融资产占比(%)	8.7	10.4	10.6	11.9	13.4

家户数量占比	0—20%	20%—40%	40%—60%	60%—80%	80%—100%
其他资产占比(%)	8.4	6.1	6.7	7.6	15.4
家庭收入(万元)	7.6	9.6	12.6	18	54.4
消费支出(万元)	7	8.3	9.9	12.4	21.3
消费剩余(万元)	0.6	1.3	2.7	3.6	33.1
消费率	92	86	78.6	68.9	39

数据来源：西南财经大学：《2018 中国城市家庭财富健康报告》。

二、纵向技术进步引致工资性收入下降的事实

根据龚刚、杨光（2010）的研究指出："中国收入分配的不平等在很大程度上表现为功能性收入分配的不平等，即随着经济发展，工资性收入占国民收入的比例越来越小。"他们还进行了模型拟合和实证研究，指出："当存在着劳动生产率的提高或由经济增长所带动的物价上涨时，工资的提高不够显著，从而由经济增长或劳动生产率的提高所带来的利益大部分转化为利而非工资。"类似的研究还有李稻葵等（2009），他们发现：1990—2006 年，劳动者收入比重从 55% 下降到 40%。

三、财富分配状况与增长关联的事实调查

按照理论，财富分配状况是影响长期经济增长的一个重要因素。美国国家经济研究所刊登了加州大学伯克利分校经济学教授祖克曼的最新论文（Gabriel Zucman，2019）。文章指出，美国财富集中程度在这

100 年内呈现 U 形曲线,这表明美国的财富分配有显著的动态波动特征,这一特征与增长构成显著的逻辑联系:财富集中度达到极高点,对应危机的爆发,而危机又对应经济的衰落。经济危机的复苏依赖财富分配的改善,在财富集中度相对较低的位置,经济恢复增长,但随着经济增长的展开,财富集中度又不断上升,直到下一次危机的爆发。所以祖克曼教授指出财富集中度与危机存在显著的周期关系。

西南财经大学研究团队的《中国家庭金融调查系列报告·2014》指出:"收入分配不均是当前中国内需不足的根源";"在收入分配显著不均的背景下,有钱人该消费的,都已经被消费了,穷人则没钱进行消费,因此无论什么刺激消费的政策,只要不增加穷人的收入水平,则不会产生任何效果。消费不足,储蓄率居高不下的背后都是收入不均在作祟。2012 年,收入前 10% 的家庭,其储蓄率达到 60%,储蓄额占当年中国总储蓄的 75%。前 5% 的家庭,其储蓄率更是高达 69%,其储蓄额占当年总储蓄额的 62%。而相比之下,大约 50% 的中国家庭,当年没有任何储蓄。"

财富收入差距会严重影响总需求能力,从而制约增长。近年中国政府(特别是党的十八大以后)努力消灭贫困,利用社会主义制度优势发动脱贫攻坚战,取得了显著成效。表 2-3 清楚显示,我国低端 20% 收入组的收入占比已经大幅度提高,由 2010 年的 1.4% 上升到 2018 年的 7.4%,最高 20% 收入组则由 2010 年的 67.5% 下降到 2018 年的 53.2%,下降了 14.3 个百分点。其他三个组也都有不同程度的提高。这一变化使财富分配结构有了较大改变,对于改善消费需求应该起到较大作用。但是,2012 年前 20% 家庭的储蓄(消费剩余)占总储蓄的

75%左右,2018 年前 20%家庭的储蓄(消费剩余)占总储蓄的 80%以上。这说明在实现总体增长的同时,中低收入家庭财富紧约束的局面并没有减轻,反而是加重的。这极大程度上是中低收入家庭消费升级,生活品质提升,以及住房价格上升等多重因素造成的总消费需求提升的结果。这种情况的发展存在一定的危险,即 80%的家庭低于 20%的储蓄比例在高度波动性的金融时代背景下,存在潜在的引致系统性风险的危险。在这种局面下,中国近十年的经济增速下降也许可以多一些解释的空间,外部需求下降是一个重要方面,民营经济投资持续下降也是一个重要因素。而造成民营经济投资持续下降的原因,一方面是因为储蓄被严重挤出,另一方面则是因为内部总需求动力不足。增长是需要增量的,但需求增量的空间在 80%的家庭几乎是零,这些家庭中防范未来的"预备队"都早已透支,何来继续的消费需求增量?

表 2-3　中国居民家庭收入分布变化

收入组	总收入(万元)			占比(%)		
	2010 年	2012 年	2018 年	2010 年	2012 年	2018 年
最低 20%	0.43	0.59	7.6	1.4	1.5	7.4
20%—40%	1.57	2.32	9.6	5.1	5.7	9.4
40%—60%	2.98	4.6	12.6	9.6	11.3	12.3
60%—80%	5.05	8	18	16.4	19.6	17.6
最高 20%	20.8	25.4	54.4	67.5	62.2	53.2

注:根据中国家庭金融调查(CHFS)2011 年和 CHFS 2013 年追踪数据计算得到,2018 的数据是根据《2018 中国城市家庭财富健康报告》整理得到。

李文溥等(2019)提出"消费能否成为拉动经济增长主动力",这个问题确实很好。"使经济保持 6.5%的较快增速,需要消费每年保持较快增速"。为此他们提出两点：(1)居民人均可支配收入的增速；(2)居民收入增速为既定的条件下,居民平均消费倾向逐年提高。我们的判断是,这只是美好愿望。第一点应该是有用的,但是人均可支配收入的增长不能很好地反映低收入家庭可支配收入的实际增长。因为,高收入群体占去了大部分的收入增长,留给低收入群体的收入份额很少,因此需求增长的空间已经很有限,不会形成持续的实际消费的增长(在我们的有限需求假说下)。因而,将"居民人均可支配收入增长"改为"中低收入家庭可支配收入的真实增长"才可能有效。对于第二点,80%的家庭的消费率已经达到80%了,还如何逐年提高？提升前20%家庭的消费倾向也许大有可为。

第四节　总结与建议

　　本章基于有限需求假设进行研究得出一些不同的认识,希望引起更深入的讨论和重视,以期促进现代经济学理论获得更好的发展。模型理论可以得到简单的结论：市场应当是除资本、劳动、技术之外决定长期经济增长的重要因素。传统的经济增长理论片面注重供给侧,忽视了需求侧的制约性作用。长期经济增长的实现必须是建立在供需均衡的基础上,没有需求的供给是过剩的多余的供给,不能形成实际的增长。因而,需求侧的约束是不可忽视的制约经济增长的重要方面。

　　市场的重要性地位在现有理论体系下并没有得到完全的认知。本章引入有限市场需求假设,形成对传统认识的一定程度的改变：市场应当是生产实现的重要载体(如水之于鱼),市场需求是拉动经济增长的重要动力。在有限需求假设的基础上,文章对"增长停滞"现象给出了合理的解释:需求是增长的动力,需求增长拉动经济增长,需求饱和则增长停滞。

萨伊的"供给创造需求"的逻辑在新时代受到挑战。发达资本主义经济体基本都陷入增长停滞的困境之中,技术优势和高端的供给能力没能很好地解决问题。根本原因在于,生产增长的内生动力是技术进步和创新。但创新有两种效应:纵向的技术改进效应和横向的产品创新效应。前者改进效率,但不增加需求,反而扩大收入差距,从而抑制需求;横向的产品创新可以创造需求,但到后期即开始扩大收入差,转而抑制需求。在私有制经济体制下,财富的聚集不可逆,最终有限的市场总需求必然引致增长停滞。扭转增长停滞的现象需要采取特殊的办法。

有限需求假设可以广泛应用到动态宏观分析的各个方面。熟悉动态宏观分析框架的学者一定可以作出更多精深的理解和贡献。例如,有限需求假设可以应用到公共产品供给、国际贸易、财政税收问题、货币问题、福利经济、人力资本、地理经济领域的研究中,这将是经济学假设更接近现实的一个重要的基本改进。基于这一假设的研究必将对大范围的政策改进作出贡献。基于本章理论,可以对实现长期可持续增长给出一些粗浅的建议:

(1)拓展(外部)市场规模(比如"一带一路"倡议);(2)实现横向产品创新的内生可持续增长能力(创造新生产品市场)(如国家科技创新战略);(3)优化家庭财富收入结构,提升中低收入群体收入水平(如精准扶贫战略),延长现有产品的市场存续期;(4)制定最优产业政策,保护创新型产业能够有足够的创新盈利空间,以使其形成内生可持续的创新能力,并延长其生命周期;(5)发展品牌战略,培育奢侈品产业,供给高端产品和服务,刺激高收入群体的消费动力,改善社会总需求结构,扩大总需求规模,实现可持续增长。

第 三 章

有限需求的宏观效应：周期与增长问题

　　根据前面的讨论，我们已经认识到传统宏观经济理论中对于需求侧重视的不足，以及对于需求认识的局限性。同时，我们也认识到这些潜在的微观假设方面的看似微小的失误可能造成很大的影响。我们认识到单纯从供给侧要素方面进行探索研究是不能够准确解读经济滞胀问题，也不能真正准确发现解决问题的方法。由此我们推测这些方面认知的误差也可能影响到对周期波动现象的理解。但这些认识还需要更加严谨的推理，也需要更加深入的调查。

　　从当前现实经济的发展来看，全球范围内的确存在很多重大问题。除了自然性灾难(如全球新冠肺炎疫情、亚非蝗灾、澳大利亚丛林大火等)频发的直接重大冲击，还有政治事件的重大影响(如中美贸易摩擦、美俄对抗、美伊冲突等)。这些看似经济理论范畴之外的因素，却构成对经济现象的直接影响，或成为本质的经济现象影响的结果，存在着难以准确界定因果的复杂关系。政治事件本身与经济发展就存在着紧密的联系,自然事件的频发反映出环境与经济之间的联系日益紧密。因而,这些事件背后更深层的经济问题,特别是经济理论方面的问题,主要是传统理论认知的滞后或失误等,以及经济现象和经济问题背后的逻辑,都是极端紧迫的全局性问题。

首先,现有增长理论的发展显著滞后于现实世界经济发展的需要,且不能较好地解释近年世界经济新的发展趋势。这其中,发达经济体长期潜在的增长动力为什么严重不足?为什么引领全球增长的总体重大创新失去应有的贡献?美国霸权主义在科技进步方面肆意对其他国家的创新发展进行打压(比如对中国华为和法国企业的非法打压等),造成的非公平性竞争对于总体进步的负面影响是否是主要的原因?这些问题需要作出基于现实和新时代背景的创新理论。

其次,经济周期波动的内生性特征缺乏有效的理论阐释。虽然每一次波动长短高低略有不同,但持续不断的波动的存在是确定的,即波动存在固有性和内生性。然而这种波动的持续性特征在现代周期理论的主流框架中不能内生产生。传统的真实经济周期理论(RBC)框架以及在此基础上逐渐扩展的嵌入凯恩斯主义核心假设的广义经济周期理论(GBC)都不能很好解释现实经济表现出的显著的周期波动的固有性和内生性。现有的内生周期理论多从模型多重均衡、心理因素等方面解释,但实际上这些模型解释实际的能力非常有限。

从以上两点来看,现有主流经济学理论在解释增长和周期方面的问题时都不尽如人意。基于此,本章拟从需求行为的规律出发探索能够更好地解释现实经济增长与周期波动动态的改进思路。

　　根据第一章中讨论过的亚伯拉罕·马斯洛（1943）的"需求层次理论"，我们发现人都有需求，某层次需求满足后，另一层次需求才会出现；需求的满足按顺序递进，首先满足紧迫需求；一个层次需求满足后，不再有激励作用；后面的需求开始显示激励作用。哈勒、诺盖姆（Hall，Nougaim，1968）①的深入研究认为这种层次可能并不明显，但肯定了两级分类的存在，他们研究发现，随着主管人员的升迁，低级需求（生理需求和安全需求）在重要程度上有逐渐减少的倾向；而高级需求（归属、尊重与自我实现）有递增倾向。还有更多的研究愿意接受两级需求的划分，并认同低级需求有限而高级需求可能是无限的，但这方面的认知并没有引起主流理论更多的关注。

　　本章我们将改变传统宏观经济学对需求的假设，在"有限需求"假设下建立模型，从不同角度研究增长问题（增长停滞问题、增长可持续性问题、收入差问题等）。本章安排如下：第一节陈述一些经济周期和增长的事实，对有限需求假设进行简单的验证；第二节建立模型经济，研究有限需求假设下的基本均衡经济理论；第三节对模型的结果进行讨论，并提出一些改进需求增长的建议，包括一个基于社会主义经济的假想式的探索，或叫头脑风暴②。

---

　　①　Douglas T.Hall，Khalil Nougaim，"An Examination of Maslow's Need Hierarchy in an Organizational Setting"，*Organizational Behaviour and Human Performance*，Vol.3，No.2（February1968），pp.12-35.
　　②　对此我们已经认真思考很久，坚信这一假想存在极大的理论研究价值，但愿能够成为未来某代人社会实践的参考。

第一节 周期与增长事实

本节展示中美两国经济增长与周期的主要特征的实证证据。美国是最大的发达经济体，中国是最大的发展中经济体，对比两个典型的大国经济可以观察在不同发展阶段的规律特征。

Fact 1：中美两国中具体商品的需求都表现出有限性特征。图 3-1 反映了美国六类商品从 1989—2019 年的人均消费数据。

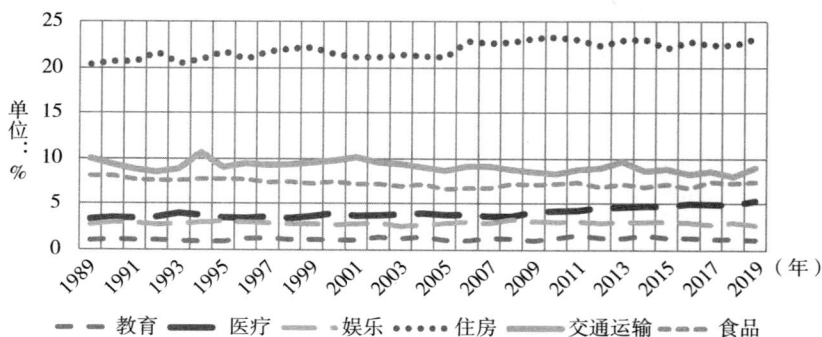

图 3-1 1989—2019 年美国六类商品的人均消费数据

数据来源：美国统计局。

研究发现，除了住房和医疗保健的需求有微弱增长外，美国人对大多数商品的需求是稳定和有限的，而住房具有金融资产属性，医疗保健则是一个不饱和的上升行业，它们的上升是合理的。因此，美国经济的第一个事实是，每种商品的平均需求几乎是恒定的。这可以被看作卡尔多事实的著名发现的一部分，也可以看作典型的代表经济在 BGP 平衡路径上的表现。

　　图 3-2 至图 3-9 是中国的商品数据。图 3-2 和图 3-3 是中国每百户城市家庭每年消费的耐用品数量；图 3-4 和图 3-5 是中国每百户农村家庭每年消费的耐用品数量；图 3-6 和图 3-7 展示了一年内中国城市家庭每人主要消费的商品数量；图 3-8 和图 3-9 是中国农村家庭在一年内每人主要消费的商品数量。经过调查，我们发现我国城市家庭对粮食的需求基本稳定，表明大多数城市家庭已经达到饱和，且大部分农村家庭基本饱和，其中猪肉、水果等商品的需求仍有较大幅度增长，城市许多常用电器商品基本饱和，但手机、家用汽车、空调等明显增加。手机、家用汽车、空调、冰箱和洗衣机在农村家庭仍然显著增加。

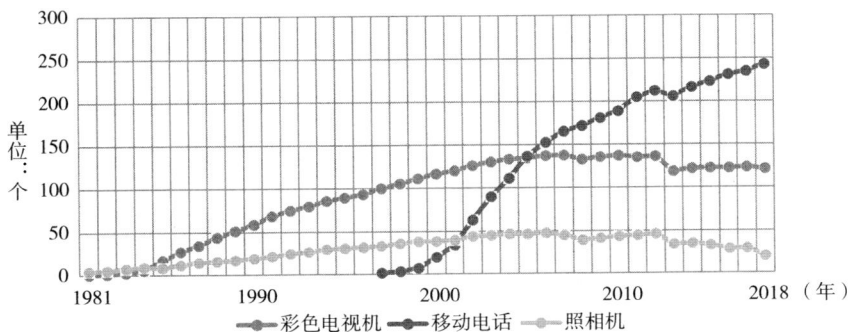

图 3-2　中国每百户城市家庭每年耐用品需求量

数据来源：国家统计局。

　　对比中美两国主要工业的发展，发现不同发展阶段的经济和工业发展具有不同的特点。在发达经济体中，大多数工业需求达到饱和状态，产品需求稳定。在处于转型发展过程的经济中，一些产业是饱和的，但有些产业仍还处于不饱和的发展状态。国家整体的经济增长率

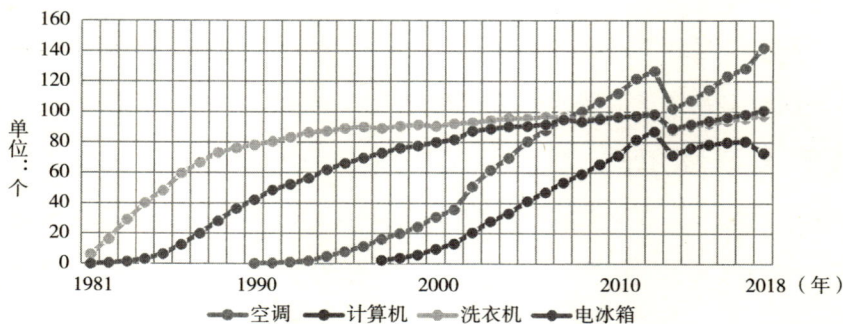

图 3-3　中国每百户城市家庭每年耐用品需求量

数据来源：国家统计局。

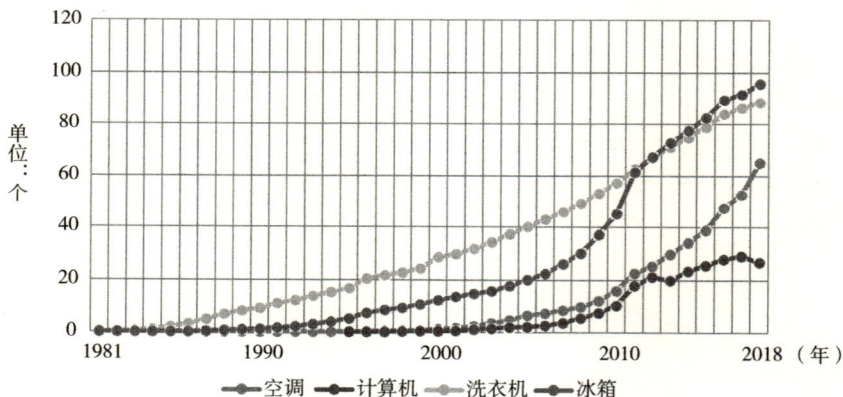

图 3-4　中国每百户农村家庭每年耐用品需求量

数据来源：国家统计局。

与其工业饱和程度有着显著的关系。

　　Fact 2：行业通常表现出驼峰形状的动态模式（hump-shaped dynamics）：其增值份额首先增加，达到峰值，然后下降。这一特征是直接引用鞠建东等（Ju,et al.,2015）对美国经济增长典型特征的总结。他

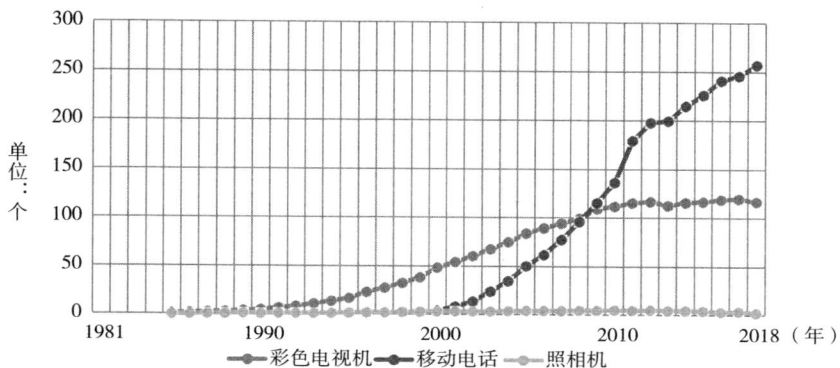

图 3-5　中国每百户农村家庭每年耐用品需求量

数据来源:国家统计局。

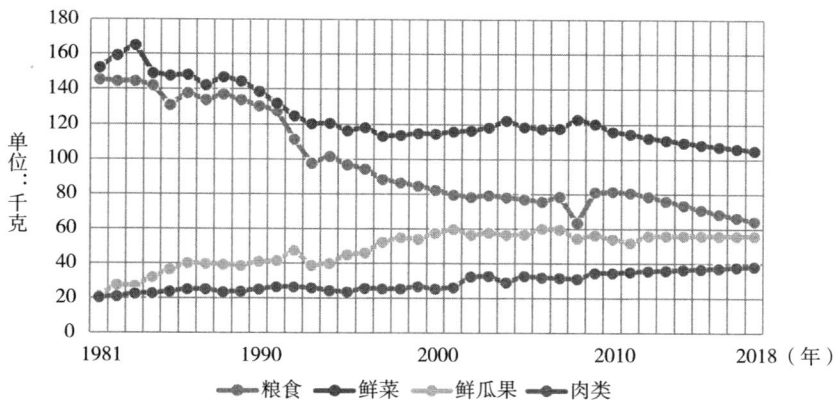

图 3-6　中国城市每年人均商品需求量

数据来源:国家统计局。

们使用美国 NBER-CES 数据库中 473 个产业 1958—2005 年的数据。

我们把这看作库兹涅茨事实的一般例子,即农业在国内生产总值中所

占的份额是下降的,工业(制造业等)份额呈驼峰状,服务业份额增加。

也有其他类似的发现报告了典型的驼峰形状的产业生命周期,如最早

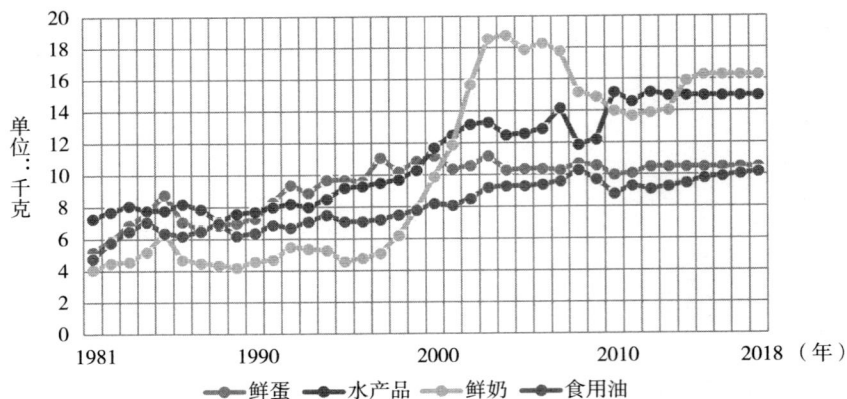

图 3-7　中国城市每年人均商品需求量

数据来源：国家统计局。

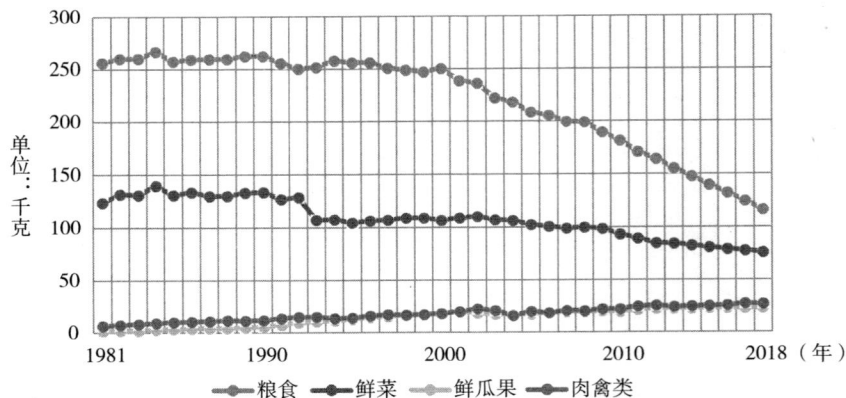

图 3-8　中国农村每年人均商品需求量

数据来源：国家统计局。

的切纳里、泰勒（Chenery，Taylor，1968），原口、利桑查（Haraguchi，Re-zonja，2010）和林（Lin，2009）等。事实上，我们也可以从对中国经济的简单观察中找到，如图 3-2 和图 3-9。

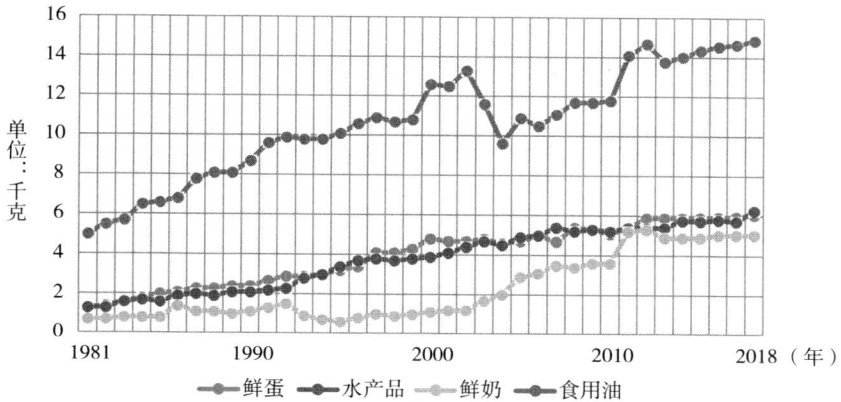

图 3-9　中国农村每年人均商品需求量

数据来源：国家统计局。

Fact 3：就像存在中等收入陷阱一样也存在高收入陷阱。随着中等收入经济体大量遭遇中等收入陷阱，发达经济体正面临高收入陷阱。

观察发达经济体，如图 3-10 所示，过去 10 年，英法两国的人均 GDP 增长率明显比以前更小，几乎进入零增长率的状态。这是一个新的平衡增长陷阱，类似于"中等收入陷阱"，也可称为"高收入陷阱"。其他经济体，如美国、瑞典、德国、澳大利亚和瑞士都有类似的趋势。它们过去 30 年的经济增长率明显低于 1950—1980 年。不仅是发达国家，一些发展中国家与落后国家也面临同样的问题，如图 3-11 与图 3-12 所示。

Fact 4：经济周期波动的内生性。基于 NBER 对周期的经典研究，滤波后的经济周期波动是一个具有很高节律的近似正态函数波形的图形。Stock、Watson（1999）的著名工作给出了美国经济不同项目的 70 多个数据，例如，图 3-13 显示了合同和解释的周期就业（薄线）和产出

55

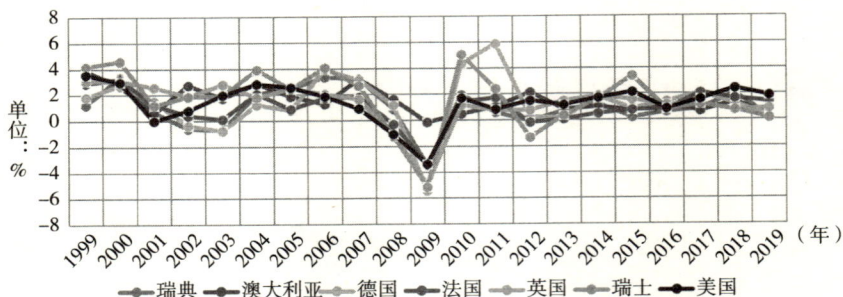

图 3-10　主要发达国家人均 GDP 增长率

数据来源:世界银行(基于不变价本币)。

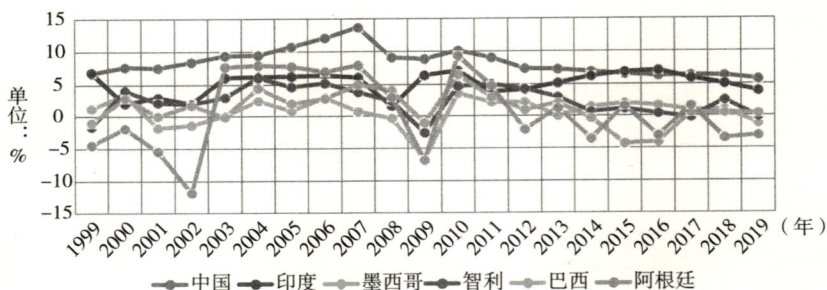

图 3-11　主要发展中国家人均 GDP 增长率

数据来源:世界银行(基于不变价本币)。

(厚线)。虽然每个波动幅度不同,波动周期也不是严格一致,但波动节律是显著一致的。在这里,商业周期波动的持续性表达了系统性内在波动的明确性质。这种波动的内生性也存在于 Stock、Watson(1999)报告的 70 多个图表中的每一个。

这种周期的内生性也存在于中国经济中,如表 3-1 和图 3-14 所示。表 3-1 显示,1951—2001 年中国经济平均周期为 8 年,3 年下降和5 年上升。

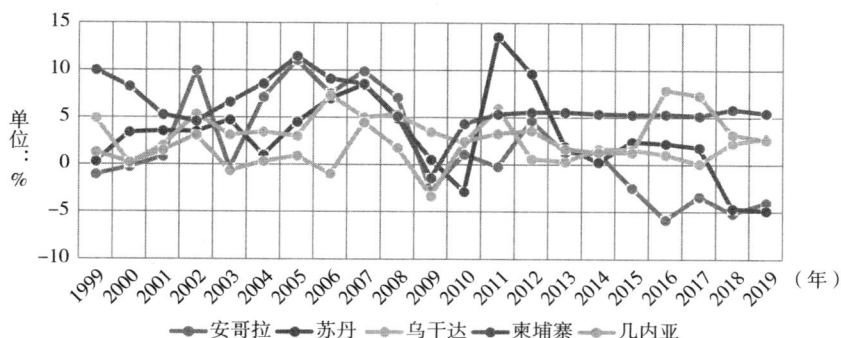

图 3-12　落后国家人均 GDP 增长率

数据来源:世界银行(基于不变价本币)。

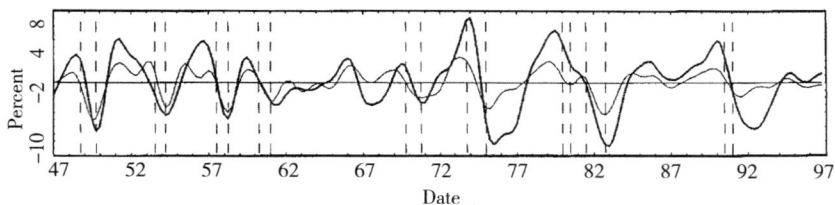

图 3-13　美国经济的合约与建筑就业

数据来源:J. H. Stock , M. W. Watson , "Business Cycle Fluctu ations in US Macroeconomic Time Series", in *Handbook of Macroeconomics*, edition 1, Vol.1, Chapter 1, J.B.Taylor, M.Wood-ford eds., Elsevier, 1999, pp.3-64.

表 3-1　中国经济上升和下降周期

峰(年)	1957	1965	1970	1979	1987	1995	2001
谷(年)	1951	1961	1967	1975	1982	1990	1998
上涨持续期(年)	6	4	3	4	5	5	0
下跌持续期(年)	0	4	2	5	3	3	3

注:数据是中国 1951—2001 年的时间序列数据,数据来源于国家统计局,采用截断长度为 5 年的 BP(2,8)滤波算子处理。

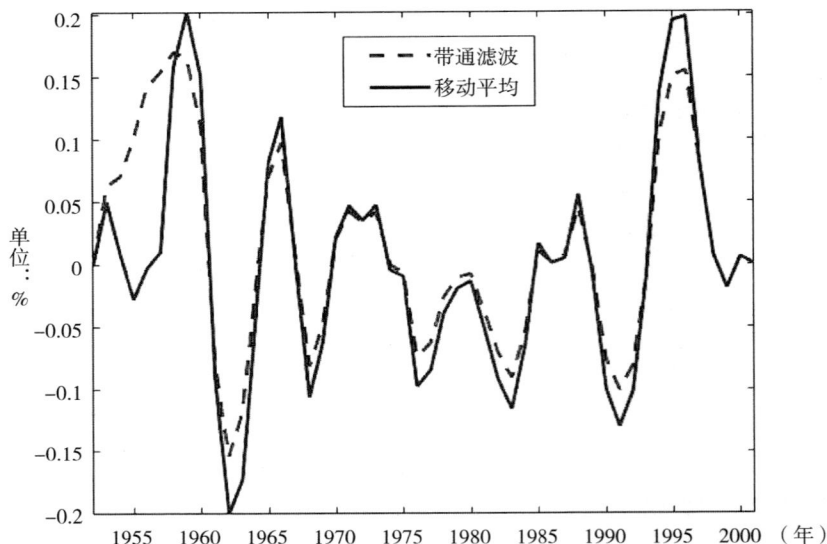

图 3-14 BP(2,8)和移动平均滤波

注:数据是中国 1951—2001 年的时间序列数据,数据来源于中国国家统计局,采用截断长度为
   5 年的 BP(2,8)滤波算子处理。

Fact 5:美国近年来平均增长率持续下降的原因并不是禀赋基础发生了改变,美国的制度、文化偏好、宗教习俗等没有明显变化。因此,所有的供给侧方面的因素都无法解释或能够用来避免美国经济面临的高收入陷阱。

首先,图 3-15 至图 3-18 表明,劳动力增长的变化不是经济增长持续下降的原因。根据这四个图,时间上下对齐的,1975 年前工作人口的平均增长率是上升的,但 1960 年开始平均经济增长率就已经下降了。其次,劳动力增长的几个高峰出现在经济增长下降的开始。此外,实际劳动力增长与经济增长之间的波动大多是反向或显著不

一致的,因此,很明显工作人口增长的变化不是经济增长变化的
原因。

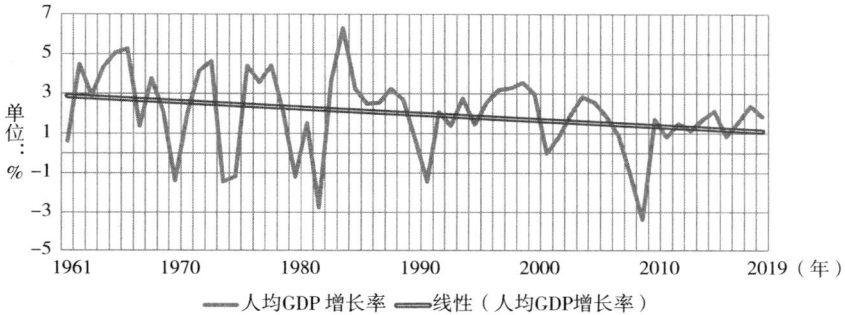

图 3-15　美国人均 GDP 增长率

数据来源:世界银行(基于不变价本币)。

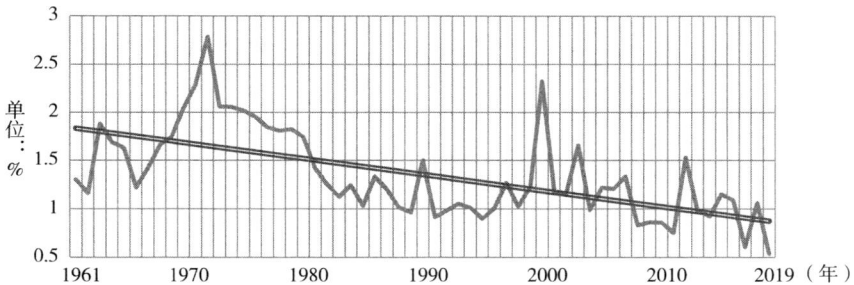

图 3-16　美国非机构国民人口增长率

注:在美国,非机构国民人口是指居住在 50 个州和哥伦比亚特区的 16 岁及以上的人,这些人不
　　是机构的囚犯,也不在武装部队中服现役。

数据来源:美国劳工统计局。

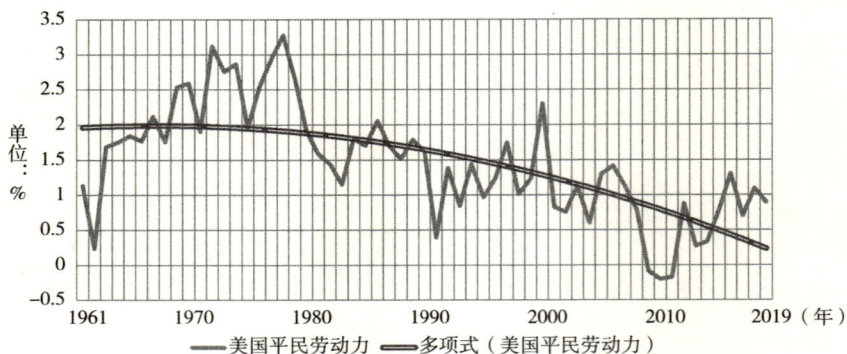

图 3-17　美国平民劳动力增长率

注:美国劳工统计局(Bureau of labor Statistics)使用"平民劳动力"(civil labor force)一词,指它认
　　为有工作或失业的美国人;军事人员、联邦政府雇员、退休人员、残疾或气馁工人以及农业
　　工人不属于平民劳动力。
数据来源:美国劳工统计局。

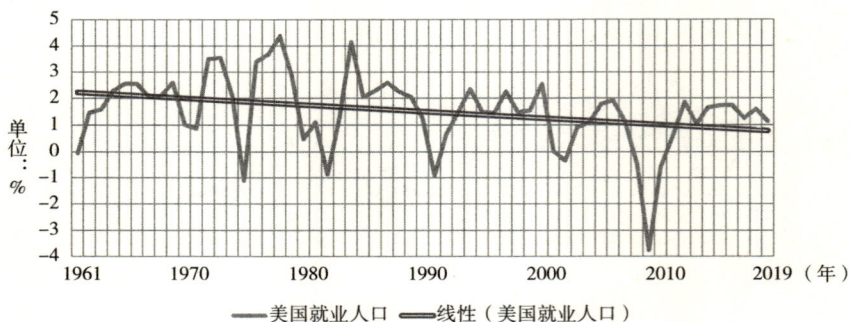

图 3-18　美国经济与劳动就业数据动态趋势

注:不包括非正规部门。
数据来源:美国劳工统计局。

第二节　模型经济

一、总需求

本节将考虑一系列基于商品需求有限假设的模型。基于第二章对商品需求的讨论,我们可以将商品分为不同的类。假定世界上可以存在互不替代的可数商品空间(横向产品的多样性)$R = \{1, 2, 3, \cdots\}$。在 t 时刻,代表型经济中已经发明并可以生产的产品集为 $Rt = \{1, 2, 3, \cdots, Jt\}$。假定每一种商品的需求都有有限的饱和需求水平。$T$ 期经济中有 Jt 种不同类型的商品,消费者对这些商品的需求按照需求的刚性排序,随着顺序的增加,商品的必需性逐渐降低,我们假定其权重逐渐降低。

$$\theta_1 > \theta_2 > \cdots > \theta_J \tag{3.1}$$

假定经济中所有人是理性的,并且有基本相似的偏好倾向,即所有人对商品有基本一致的偏好顺序。

假设 1:任意 $i \in R$,经济中所有人有相同的饱和需求水平 c_i。

假设 2:任意 $i \in R$,经济中所有人有相同的偏好倾向 θ_i,及顺序(1)。

假设 3:任意 $i \in R$,经济中所有人有相同的单一商品的分段偏好函数:

$$u(c_{it}) = \begin{cases} \log c_{it} & c_{it} < c_i \\ \log c_i & c_{it} \geq c_i \end{cases}$$

以及相同的总偏好函数：$U(C_t) = \sum_{i=1}^{J_t} \theta_i u(c_{it})$ （3.2）

假设经济中有有限的且结构相似的家庭数 N，每个家庭有一位代表性劳动者，有相同的单位时间禀赋为 1。假定全部劳动市场以及社会教育等部门和环境是完全无摩擦、无歧视的完全竞争市场，每位劳动者初始状态无差异，但进入劳动市场之前可以自由选择专业方向进行学习，以备进入不同的产业，由此形成不同（专业知识技能差异）的人力资本特性。不同的产业中的劳动因专业不同而不能流动，希望离开本行业进入其他行业者必须重新学习相应的专业知识。这样均衡竞争的结果形成的劳动者工资函数 $w(i)$ 与产业高度相关①。

为了方便讨论，首先考虑经济中没有失业的情形。考虑代表性家庭的最优选择问题：

$$max \sum_{t=1}^{\infty} \beta^t u(C_t) ;$$ （3.3）

s.t：$\sum_{i=1}^{J_t} p_{it} c_{it} + S_{t+1} = S_t(1 + r_t) + w_t^q$

其中，P 是价格，S 是储蓄，r 是利率，q 表示家庭劳动的收入层次。

———————

① 行业之间假定因专业不同不可以流动，由此形成的行业壁垒（摩擦），是造成劳动者收入差的基本微观基础。在现实经济中，新兴行业的平均劳动收入往往是传统行业的很多倍。虽然青年学生可以自由选择进入不同行业学习，但因为学习周期平均在四年以上，往往毕业时热点已经过去。改革开放后，劳动市场曾经出现过多次各种热，如法律热、财会热、经济热、计算机热等，这些热点的持续期大多很有限。"隔行如隔山"，这是劳动市场之间摩擦的主要原因，是构成行业间收入差的重要依据。

上述问题有最优解方程:

$$\theta_i u^{'}(c_{it}) = \lambda_t P_{it} \quad i = 1, \cdots, J_t \tag{3.4}$$

$$\lambda_t = \beta\lambda_{t+1}(1 + r_{t+1}) \tag{3.5}$$

由式(3.4)和式(3.5)得到,$c_{it} = \dfrac{1}{\lambda_t} \cdot \dfrac{\theta_i}{P_{it}} \quad i = 1, \cdots, J_t \tag{3.6}$

实际上,达到均衡的时候,非饱和家庭的预算一定是紧的,收入全部用于消费(即与均衡时储蓄所得收益的消费效用折现之后是等价的),因而有:

$$w_t^q = \sum\nolimits_{i=1}^{J_t} P_{it} c_{it} = \frac{1}{\lambda_t} \sum\nolimits_{i=1}^{J_t} \theta_i = \frac{1}{\lambda_t} \tag{3.7}$$

于是可得:

$$c_{it}(q, \theta_i, P_{it}) = w_t(q) \frac{\theta_i}{P_{it}}, 对任意 i \in R \tag{3.8}$$

结论 1:对任意 $i \in R$,$\dfrac{d c_{it}(q, \theta_i, P_{it})}{dq} > 0$,$\dfrac{d c_{it}(q, \theta_i, P_{it})}{d \theta_i} > 0$,$\dfrac{d c_{it}(q, \theta_i, P_{it})}{d P_{it}} < 0$。

该命题的经济学含义是:消费者对任意商品的需求与收入正相关,与偏好倾向正相关,与商品价格负相关。这一结论与传统的一般性结论一致,反映了需求的一般规律。

在完全竞争市场的假设下,$c_{it} = w_t(q) \dfrac{\theta_i}{P_{it}} \overset{\Delta}{=} w_t(q) \tilde{\theta}_i$,其中 $\tilde{\theta}_i \overset{\Delta}{=} \dfrac{\theta_i}{P_{it}}$,为商品 i 的"性价比"。商品的需求量决定于效用权重 $\tilde{\theta}_i$,同时,商品需求的满足程度严格按照 $\tilde{\theta}_i$ 排序。

定义:对于任意 i,存在 $q^*(i)$ 刚好满足 $c_i = w_t(q)\bar{\theta}_i$,或者定义 $q^*(i)$ 为满足

$$c_i = w_t(q)\bar{\theta}_i \tag{3.9}$$

的临界水平。

根据结论 1,对于任意商品 i,消费者需求关于 q 是单调增函数,及假设 2,所有人有相同的饱和需求水平,所以,对任意 $q < q^*$,有 $c_{it}(q) < c_{it}(q^*) = c_i$;对任意 $q > q^*$,有 $c_{it}(q) = c_{it}(q^*) = c_i$。

第 i 种商品的总需求函数 C_{it} 其实是 $q^*(i)$ 的函数,$q^*(i)$ 越大,表明社会平均收入水平越高。设 $\varphi(q)$ 为 q 型家庭的人口分布密度函数,假定为均匀分布,有: $\varphi(q) \equiv \varphi$,这样参数 φ 实际上代表了人口总规模大小,也表达了市场规模的大小。

定义家庭收入函数 $w_t(q) = q_t^m \bar{w}_t$, $\forall q \in [0,1]$ (3.10)

劳动收入差异的来源很多,比如能力、机会、产业的不同都可以造成很大的差异。基于同等学历的劳动者之间的收入差异的观察更多来自行业的不同。形成行业之间劳动者收入差异的原因很清晰,就是所需要的特殊的专业知识是彼此不同的,俗话说,隔行如隔山,这种行业之间的客观专业性知识壁垒造成行业之间劳动流动性的阻碍,年轻人最初选择专业的时候影响的因素很多,随着知识学习层次的提升,专业化划分越细,最终进入职业领域时各项工作的差异越大。因而,即使当初选择的专业整体的收入出现下滑,这些领域的大量的劳动者也很难重新再接受完全不同的知识训练,因而无法流动到较高的行业。这样就形成了客观的行业之间会存在巨大的收入差异的微观基础。有很多研究讨论教育与收入的关系及其影响,即不同的教育水平的劳动者之

间的收入差异方面的研究分析,研究行业间差异的实证研究也不少,但从微观角度出发研究行业间差异的微观机制及其影响机制的理论文献却几乎没有。这也是本章的研究与现有的研究有显著不同的点之一。

　　不管差异的原因是什么,我们首先需要刻画这种差异,为此引入 q 作为刻画劳动收入差异的指标量,假定经济中所有劳动者就能力和地缘机会方面没有任何差异,则如果行业间也没有差异的话,则所有劳动者的工资收入都是相同的 w。但现在引入了劳动收入差异,则劳动者的收入就通过 q 来刻画不同,基于实际的收入差异的特征,如图 3-19

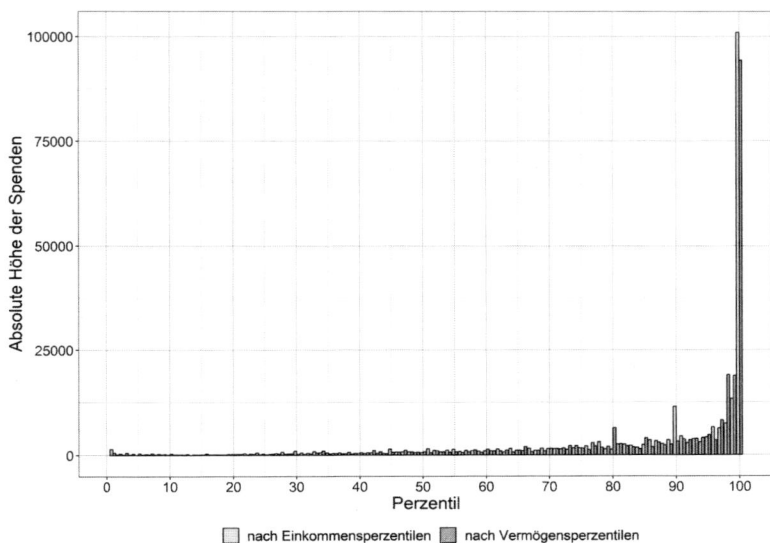

图 3-19　美国 2016 年家庭收入结构①

① Selim Banabak, et al., "Class Matters: Philanthropie US-amerikanischer Haushalte", *Zeitschrift für Sozialen Fortschritt*, Vol.8, No.3(2019), pp.131-147.

和图 3-20 所示,都呈现出显著的高阶幂函数的图像特征,为了充分贴近实际,引入 m 作为刻画不同行业间劳动者收入结构性特征的参数。很显然,当 $m = 1$ 时,是关于 q 的线性函数;当 $m = 2$ 时,是一个关于 q 的开口向上的抛物线;当 $m > 5$ 时可能非常接近图 3-19 和图 3-20 所体现的实际的收入结构的差异形态。因而收入函数假定是式(3.10)中的形式。

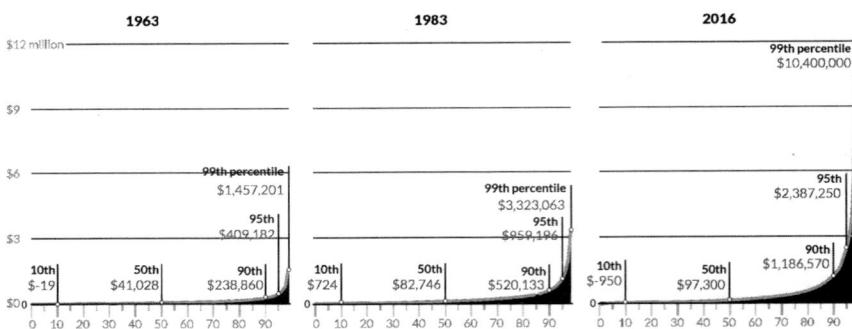

图 3-20　美国 1963 年、1983 年和 2016 年家庭收入结构拟合图①

对于任意代表性产品 i ,社会对 i 产品的总需求分为两种情形,一种是已经达到饱和需求水平的家庭,至多会保持稳定的需求,仅需要增加对于折旧部分的补充(对于易腐品,则令折旧率为 100% 即可);另一种是非饱和家庭,其需求随收入水平而增加。如此总需求为不同收入水平的家庭需求的总和:

$$c_t(i) = \int_0^{q^*(i)} \varphi w_t(q) \bar{\theta}_i dq + \int_{q^*(i)}^1 \varphi c_i dq \delta i$$

---

① "Nine Charts about Wealth Inequality in America(Updated)",2017 年 10 月 5 日,见 https://apps.urban.org/features/wealth-inequality-charts/。

$$= \varphi \tilde{\theta}_i \int_0^{q^*(i)} w_t(q) dq + \varphi c_i [1 - q^*(i)] \delta i$$

$$= [\delta i - (\delta i - \frac{1}{m+1})(l_{it} p_{it})^{1/m}] \varphi c_i \tag{3.11}$$

其中, $l_{it} = c_i / (\tilde{w}_t \theta_i)$ 。

要使式(3.11)有意义,需满足:

$$\delta i > \frac{1}{m+1} \tag{3.12}$$

该条件意味着被研究的产品 i 不应当是折旧率极小的商品,对于折旧率极低的商品会有储存功能和价值,因而会具有金融功能,不在我们研究的范畴内,即本章的讨论主要针对非耐用品或耐用但折旧率不太小的产品类别。实际中,年度折旧率大于 30% 的商品的类别非常广泛,大多数的日常用品的年度折旧率在 50% 以上,而食品的折旧率可以理解为 100%。而食品和日常用品构成了一般性需求的主要部分。在条件式(3.12)下有:

结论 2:代表性商品 i 的社会总需求与市场规模 φ 呈正比、与饱和需求水平 c_i 正相关、与价格水平 p_{it} 负相关、与社会平均收入水平 $\bar{w}$ 以及产品效用权重参数 θ_i 正相关;与家庭收入结构性参数 m 负相关(即收入差距越大,总需求越小)。

证明:(此处仅证明最后一条,其余的证明都很简单)由式(3.11)关于 m 求导可以得到:

$$c_{tm}^{\cdot} = e^{\frac{1}{m} \ln(l_{it} p_{it})} [\frac{1}{m} \ln(l_{it} p_{it}) (\delta i - \frac{1}{m+1}) - \frac{1}{(m+1)^2}] \varphi c_i$$

由式(3.6)和式(3.7)知: $l_{it} p_{it} = q^m \leq 1$,所以, $\ln(l_{it} p_{it}) \leq 0$;由条件

式(3.12)知：$\delta i - \dfrac{1}{m+1} > 0$，所以有：$c_{tm}^{'} < 0$。

二、总供给

经济中有很多不同的产业，每一种产业部门有许多家类似的企业生产同一类商品，不同产业部门生产不可相互替代的不同的商品。每一种商品的生产部门内部的技术创新只能改进这类商品的品质和生产效率，但不会改变商品的本质功能和属性，因而，这种技术进步称为纵向创新［仿照阿吉翁、豪伊特（Aghion，Howitt，1992）质量改进型增长模型，或增长手册第三章］。同时，假定经济中存在一个独立的基础知识和高等理论研究部门，这一部门除了培养各个部门所需的专业化劳动，还创新和开拓新理论领域，而这些新理论领域是形成不同于所有存在的商品类别的全新商品类的理论基础。实际上，我们遵照一种假设，即所有重大的创新都源于重大的基础理论的突破。我们将新产品类的创新称为横向创新［参考甘恰、齐利博特（Gancia，Zilibotti，2005）[①]的横向创新增长模型，增长手册第二章］；为了简单起见，假定经济中只有从事基础研究者能够研发出横向创新，其他人才分散在不同产业中，或者进行生产活动，或者进行产业内的纵向创新。下面分别讨论纵横向创新的发展。

---

① Gino Gancia, Fabrizio Zilibotti, "Horizontal Innovation in the Theory of Growth and Development", Economics Working Papers, No. 831, Department of Economics and Business, Universitat Pompeu Fabra, 2005.

任意代表性商品市场 i 的生产与纵向技术进步：假定市场上商品集如前，其中每一个商品 $i \in (1, \cdots, Jt)$ 在一个独立的劳动市场中，按照常规模回报技术生产，商品生产仅仅使用劳动和技术。进入 i 市场中的任意劳动者，有进入该市场所需的专业技术知识。t 时刻 i 市场中，有总数为 $l(i,t)$ 的工人进入该市场，用 $e(i,t)$ 表示 t 时刻 i 市场实际就业数，则有：

$$l(i,t) \geq e(i,t) \tag{3.13}$$

假定第 i 个市场上有许多家本质相似的企业，分别雇佣进入这个市场的劳动者。每个企业都雇佣研究人员进行研究，但每期只有首先获得创新的一家企业组织生产，雇佣所有剩余的劳动者进行生产。设 i 产品生产仅需技术和劳动，仿照 Gancia、Zilibotti（2005）采用简单生产函数 $y_{it} = A_{it} x_{it}$。A 是技术，x 是实际参加生产的劳动。

设 A_{it-1} 是 i 行业在 $t-1$ 期期末的技术前沿，假定一次 i 产品生产技术的标准创新效率改进率为 $\gamma > 1$，即在 t 期首先实现改进创新的企业可以实现的技术为 $A_t = \gamma A_{t-1}$，这也将成为 t 期期末 i 部门新的可以共享的技术前沿（假定每一个专利只有一期垄断权）。因此代表性企业有：

$$lg A_t = \begin{cases} lg A_{t-1} + lg\gamma, 概率 \mu \\ lg A_{t-1}, 概率 1 - \mu \end{cases} \tag{3.14}$$

其中，μ 是该企业的创新概率，设研发劳动投入为 $z(i,t)$，创新发生概率为 $\mu = \lambda z(i,t)$①。则生产劳动人数为

---

①　代表性企业研发成功的概率在本文中为简单起见定义为研发人员的线性函数，因而是对研发劳动数可加的。h 家企业都在研发，因而行业技术前沿转移概率是总的行业中研发人员的线性函数。

$$x(i,t) = e(i,t) - z(i,t) \tag{3.15}$$

i 产业代表性企业生产最优化问题（为了表述的简单，本节下面变量暂时都先去掉下标 i ）。从 t 期开始，首先考虑代表性企业上期研发获得成功，从而获得本期生产权后的最优生产计划问题。代表性企业需要决定本期雇佣劳动的使用计划，来确定利润流 π_t 和产品产量及价格等。

$$max\ \pi_t = p_t(y_t)\ y_t - w_t\ x_t$$

其中，w_t 为工资，P_t 为第 t 期产品 i 的价格。由式（3.11）得到第 i 产品的逆需求曲线为

$$p_t = \frac{1}{l_t}\left(\frac{\delta - \widetilde{y_t}}{\widetilde{\delta}}\right)^m$$

其中，$\widetilde{y_t} \triangleq y_t / (\varphi\, c_i)$，$\widetilde{\delta} \triangleq \delta - \dfrac{1}{m+1}$。

求解该优化问题，得到最优化条件：

$$w_t = \frac{At}{l_t}\left(\frac{\delta - \widetilde{y_t}}{\widetilde{\delta}}\right)^{m-1}\left(\frac{\delta - (m+1)\widetilde{y_t}}{\widetilde{\delta}}\right) \tag{3.16}$$

式（3.16）成立要求：$\dfrac{\delta}{m+1} > \widetilde{y_t}$。这实际上意味着在最优解存在时，产品折旧率越小，饱和率越低；收入差距越大，饱和率越低。由此可得企业利润函数：

$$\pi_t(w) = \frac{m\varphi\, c_i}{l_t\, \widetilde{\delta}^m}\left[(\delta - \widetilde{y_t})\right]^{m-1}\widetilde{y_t}^{\,2}$$

若 $m > 1$,在其他参数变量不变的情况下,上述利润有最大值点:

$\widetilde{y_t} = \dfrac{2\delta}{m+1}$。当 $\widetilde{y_t} < \dfrac{2\delta}{m+1}$ 时,利润上升,当 $\widetilde{y_t} > \dfrac{2\delta}{m+1}$ 时,利润下降,呈倒 U 形。当饱和度接近 δ 时,利润趋于 0。为了更细致分析产业生产行为,下面作简单化处理,取 $m = 1$, $\delta = 1$。

由此可得:
$$x_t = \frac{\left(1 - \dfrac{l_t\, w_t}{2\,A_t}\right)\varphi\, c_i}{2\,A_t}\ , \tag{3.17}$$

式(3.17)需要在 $w_t < 2A_t / l_t$ 时有意义,这意味着在一个新产业发展的初期,生产技术水平比较低,允许的劳动收入也会比较低。

由此得到利润流:
$$\pi_t(w) = \frac{2\,\theta_i\, \overline{w_t}}{\varphi\, c_i^2}\, y_t^2 = \frac{\overline{w_t}\,\theta_i}{2}\left[\left(1 - \frac{l_t\, w_t}{2\,A_t}\right)\right]^2 \varphi \tag{3.18}$$

由式(3.16)得到:
$$w'_{tA} = \frac{2}{l_t}(1 - 2\,\widetilde{y_t}) = \begin{cases} > 0,\text{当}\ \widetilde{y_t} < 1/2^{①} \\[2mm] < 0,\text{当}\ \widetilde{y_t} > 1/2 \end{cases} \tag{3.19}$$

其中,$\widetilde{y_t} = y_t/\varphi\, c_i$,刻画了需求的饱和度。

由式(3.17)可得:
$$x'_{tA} = -\frac{\left(1 - \dfrac{l_t\, w_t}{A_t}\right)\varphi\, c_i}{2\,A_t^2} = \begin{cases} > 0,\text{当}\ A_t < w_t\, l_t \\[2mm] < 0,\text{当}\ A_t > w_t\, l_t \end{cases}。 \tag{3.19'}$$

---

① 这里的 1/2 水平没有实际数量意义,源于特殊的函数关系,仅有理论意义。

由式（3.18）得到：$\pi'_{tA} = \varphi c_i (1 - \frac{l_t w_t}{2 A_t}) \frac{w_t}{2 A_t^2} > 0$，当 $w_t < 2 A_t / l_t$ 时。

这说明，每一个新生的行业，初期技术效率较低的时候，技术进步对于就业是正效应的，会促进产业工人就业；当技术进步达到一定的水平之后，更进一步的技术进步开始挤出就业。竞争的市场不会停止技术的研发（技术进步对企业利润是正效应的，否则将失去市场），因而，此后的市场行为将引发技术对劳动的替代。因而有：

结论 3：在产业发展初期，纵向的产业技术进步增加就业；当产业技术达到一定水平后开始挤出产业工人，降低就业。

研究部门的优化问题：对于单个的研究部门，设其投入要素为 z，目标为最大化预期的研究/创新效益流：

$$\lambda z_t V_t - w_t z_t$$

其中，V_t 为 t 个创新的值，则最优均衡问题为选择参加研究的技术型劳动 z_t。

考虑创新价值的估计，应当注意的一点是，对于当前创新垄断者来说，下一个创新的发生不是一件好事，因而，他不会投资下一个创新，至少投资下一个创新的动力不如其他公司强烈。因为，我们假设所有新技术创新都可以无条件以当前创新技术为基础，因而，对所有公司而言，新创新起点都是相同的。在这样的情况下，当前创新者进行下一轮创新的价值是 $V_{t+1} - V_t$，显然小于其他研发者的价值 V_{t+1}。因而价值 V_t 由外部公司对于 t 个创新所产生的垄断利润流 π_t 的期望折现值决定。即有：

$$V_t = \frac{\pi_t}{r + \lambda z_t}$$

求解式(3.19)的最优问题,可以得到最优的研发劳动投入:

$$z_t(w) = \frac{1}{\lambda}\left[\left(\frac{\lambda r \pi_{t(w)}}{w}\right)^{\frac{1}{2}} - r\right] = \left(\frac{r\varphi c_i}{2\lambda l_t w_t}\right)^{\frac{1}{2}}\left(1 - \frac{l_t w_t}{2A_t}\right) - \frac{r}{\lambda} \quad (3.20)$$

由此可得横向技术进步增长率:

$$g_A(w) = \frac{A_{t+1}}{A_t} - 1 = \frac{[\lambda z_t \gamma A_t + (1 - \lambda z_t)A_t]}{A_t} - 1 = (\gamma - 1)\lambda z_t(w)$$

$$(3.21)$$

由式(3.15)、式(3.17)和式(3.21),可得 i 产业的劳动均衡方程:

$$z_t(w) + x_t(w) = e_t \quad (3.22)$$

其中, e_t 为 i 产业 t 期的实际就业数据。式(3.22)体现了 i 产业劳动市场供给与需求的均衡关系,均衡的结果决定 i 行业在该期实际的劳动工资数 w^*。

由此有均衡工资率的确定方程:

$$\left[\left(\frac{r\varphi c_i}{2\lambda l_t w_t}\right)^{1/2} + \frac{\varphi c_i}{2A}\right]\left(1 - \frac{l_t w_t}{2A_t}\right) = e_t + r/\lambda \quad (3.23)$$

式(3.23)表明, i 行业 t 期劳动工资指数 q 与劳动供给数据 e_t 、利率 r ,以及该行业技术水平 A_t 都有直接的关系。当然也同总人口密度数 φ 、人均绝对饱和需求数 c_i 、效用强度 θ_i ,以及研发创新概率参数 λ 等有关系,但目前我们最关注的是三个变量。由式(3.23)可得:

结论4: $w*_t{}'_e < 0$, $w*_t{}'_A = \begin{cases} > 0, w*_t > A_t \varepsilon_t / l_t \\ < 0, w*_t < A_t \varepsilon_t / l_t \end{cases}$, $w*_t{}'_\varphi > 0$

其中, $\varepsilon_t = \left(\sqrt{1 + \frac{A_t r l_t}{8\lambda\varphi c_i}} - \sqrt{\frac{A_t r l_t}{8\lambda\varphi c_i}}\right)^2 = \begin{cases} 1, A_t \to 0 \\ 0, A_t \to \infty \end{cases}$, $\varepsilon'_{tA} < 0$, $\varepsilon'_{t\varphi} > 0$。

结论表明:第一,假定在一个新生的行业,起初从事该行业的专业劳动会比较少,但随着从事该行业的劳动增加,行业平均收入会逐渐下降,这是基本符合实际的;第二,行业纵向技术进步对于行业劳动收入的影响是分段的,初期是正效应(即当技术水平较低时,劳动收入较高),但随着劳动人数的增加,劳动收入会下降。与此同时,技术水平不断提高[式(3.21)],终将达到反转水平,即形成负效应。这一结论与由式(3.19)表示的局部均衡关系一致。

由式(3.16)、式(3.21)以及以上分析,图3-21描述了均衡劳动收入与技术进步的长期动态关系。

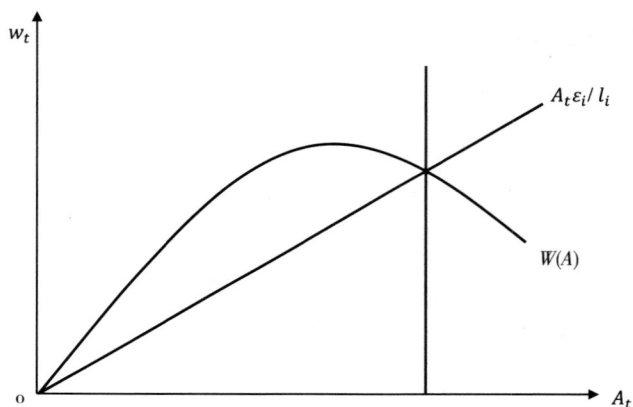

图 3-21　代表性行业 i 中劳动收入与行业技术进步的模拟动态关系①

劳动收入的倒 U 形长期动态关系决定了行业产出周期的基本态势。首先技术进步如式(3.21)所示是持续增长的,但就技术进步的持

_____

① 可以实证考察电器行业劳动实际收入/总体社会平均劳动收入的比值随时间(替代技术进步)的动态变化趋势,同时可以考察市场规模大小的影响。

续增长就足以引致劳动收入的长期动态关系的逆转，劳动收入的持续下降引致劳动供给的减少，至少是造成该行业劳动供给不增长。产出的动态本质决定于技术效率和劳动参与率，劳动供给在本书中没有设定内生机制，但传统的理论、存在的研究和基本的常识都指向劳动供给与工资存在正相关关系。为简单起见，我们假定劳动工资与劳动供给是线性正相关关系：$e_t = \mu w_t$，则劳动供给的增长率必与工资一样是倒 U 形的，且有同向的周期关系。由于我们假定劳动市场总是出清的，即工资会自动调节使供给与需求相等。因而，$g_e = g_w(w) =$

$$\begin{cases} > 0, \dfrac{w}{A} > \varepsilon/lt \\ < 0, \dfrac{w}{A} < \varepsilon/lt \end{cases}$$

假定所有函数连续可微，性态足够完美光滑，经济动态过程中任意点处的局部小邻域内可以近似看作一个瞬时的平衡增长的过程，这样在时刻 t 的邻域内有：z_t 和 x_t 都近似为 e_t 的线性函数，此时有：$g_x = g_z = g_e$。进而有：

$$g_y = g_x + g_A = (\gamma - 1)\lambda z_t + g_x \tag{3.24}$$

当 z_t 是约束于 e_t 的 w_t 的函数，服从倒 U 形特征，由式（3.19′）g_x 服从倒 U 形特征的分段函数，总之 g_y 会服从近似倒 U 形关系。但由于 z_t 是持续大于 0 的，因而，产出的动态会表现为持续的长长的尾巴，如图 3-22 所示。

因而，一个新生的产业对总体经济增长的贡献期只在其产出上涨的阶段。一旦到达顶峰，就不再有增长率的贡献，此后生产仍会继续，

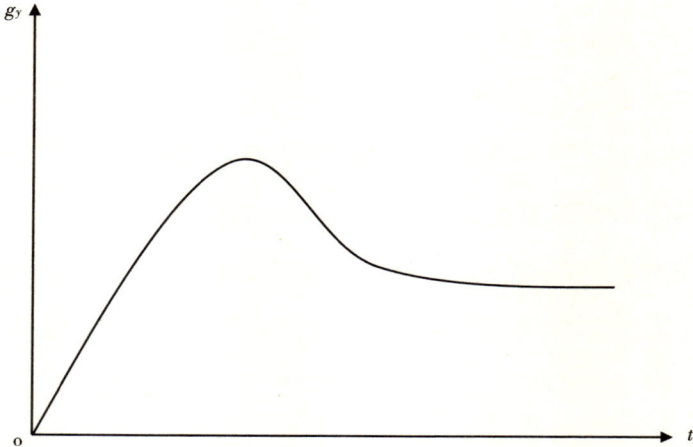

图 3-22 产出增长率动态

就业需求仍会存在,但对增长率没有贡献,甚至是负的。这与行业是否创新无关,但与市场规模的大小有关。根据定义,人口规模参数 φ 越大,ε 就越大,图 3-21 中的直线就越陡峭,产业平均增长率越高,总的增长贡献也更大。

社会总产出动态:假定当前市场上全部的产品类是确定的 Jt 个。如果这些已有的产业是匀速有序出现的,而且假定所有产业的产出周期动态规律是全型相似的,则有如图 3-23 所示的特点,有多个有相同周期特征的产业均匀发生的形态,这些产业叠加后形成的经济总产值的周期动态在图 3-24 用粗线表示,是一个均匀稳定微小波动的持续增长的情形。

当然,在现实中,不同产业的周期不同,产生的时间也是随机的,因而,实际的总量经济的周期动态不会那么均匀持续上升,而是会存在不

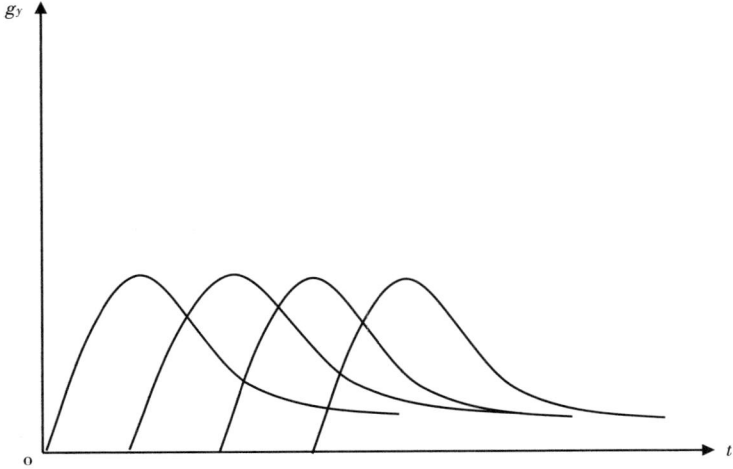

图 3-23　模拟产业动态均匀交叠状态

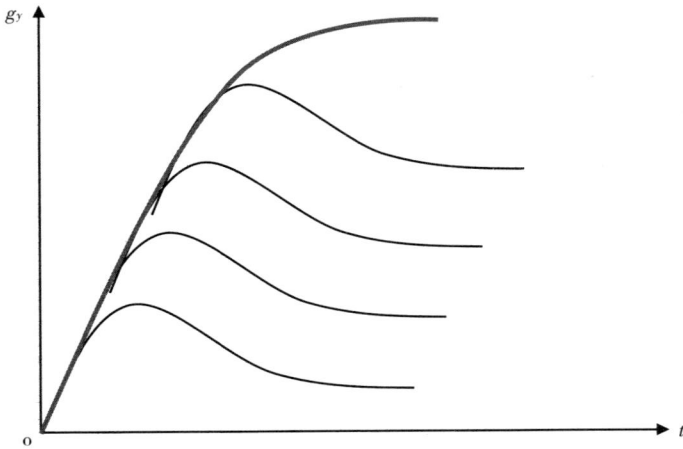

图 3-24　产业叠加后总经济动态

同的周期波动幅度和不同的周期长短。当数个产业密集产生就会形成较大的叠加增长效应,表现为一个持续时间较长、幅度较大的上升周期的发生;当某个阶段新产业发生较稀疏,则总经济周期就会进入一个低谷,表现为一个萧条的阶段。

图3-25是将图3-24中产业发生的时间调整所得,密集区形成持续较长的增长周期,OA阶段;创新产业发生时段较长的地方形成一个巨大的萧条阶段,AB阶段;BC阶段是一个低速增长阶段。由此可以推知,长期可持续的增长依赖于持续的新产业的创新发展,没有新的产业出现,局部和总体的经济增长就会停滞。

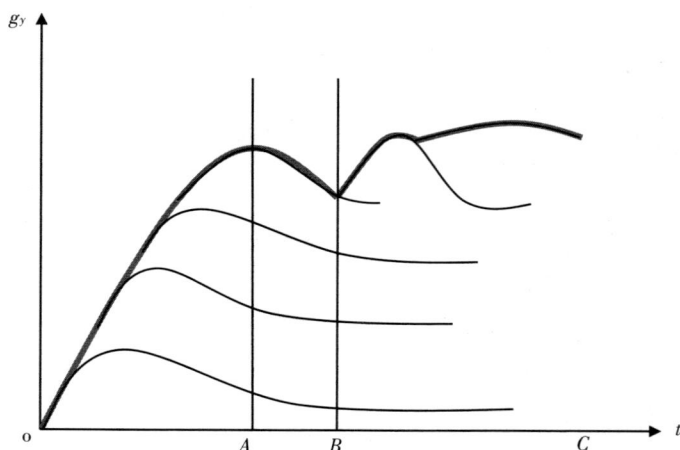

图 3-25　不均匀发生的产业叠加后的总动态

为了考察长期可持续增长的规律,考虑进行一些必要的近似处理。首先,图3-21中代表性产业周期动态中只有第一个阶段是增长的,如图3-26中,ob阶段增长,此后负增长或不增长。ob部分的弧线过程是由最初的高增长逐渐到b点处零增长。为了简单完美做一个近似,链接ob直线,将整个增长过程近似为沿着直线的匀速增长,同时必然存在一个水平线ad,使得ad下面的面积近似等于b点之后的曲线部分的面积,即用 ad 直线近似 b 点后的产业动态,相当于将波动的产业周期用"匀速增长阶段 oa+水平稳定零增长阶段 ad"来替代。

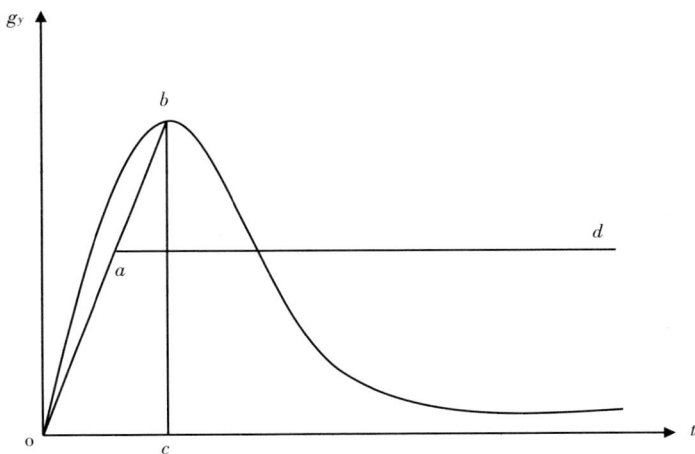

图 3-26　产业周期动态的近似

近似后的社会总产出动态:如果将图 3-24 中所有产业动态作如上近似处理,然后叠加则有以下结果,如图 3-27 所示。

为了计算总经济长期增长率,首先从理想状态出发,按照上面的假设,所有产业的增长动态是相似的,则如图 3-27 所示,长期平均总增长率是粗线的斜率。因为假定了所有创新期限和增长周期长度都相同,平均增长率必经梯线的斜线部分和平线部分的中点。

设单个代表性产业的增长率为 gi ,即为 oc 线的斜率,设单个代表性产业的增长期为 $oa = ti$;设每个新产业发生的时间长度为 $ob = tt$ 。则有:

$$ac = ti \cdot gi$$

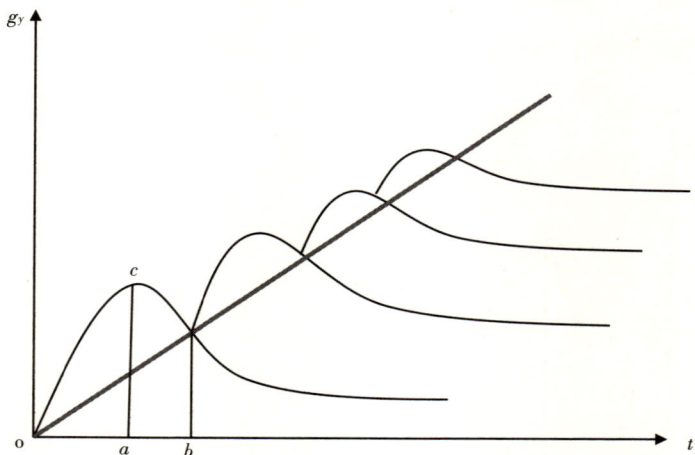

图 3-27　近似叠加后总动态图

从而,粗线斜率,即

$$总经济增长率 = ac/ob = ti \cdot gi/tt \qquad (3.25)$$

因而有：

结论 5:长期经济增长率与代表性产业增长率 gi 和增长期 ti 正相关、与新产业发生间隔时间长度 tt 负相关。

当 $ti = tt$ 时,总经济增长率等于代表性产业增长率,如图 3-28 所示。这是一种理想情形,即一个创新产业增长周期结束恰巧一个新的类开始,总经济增长率就等于代表性产业的增长率。

图 3-29 代表产业增长周期重叠的情形,这是现实中常见的情形,在这种情形下,经济总增长率高于单个产业的增长率。计算公式仍可使用式(3.25),只是此时, $ti > tt$ 。

产业增长周期的决定机制:直观来看,代表性产业 i 的增长上升期

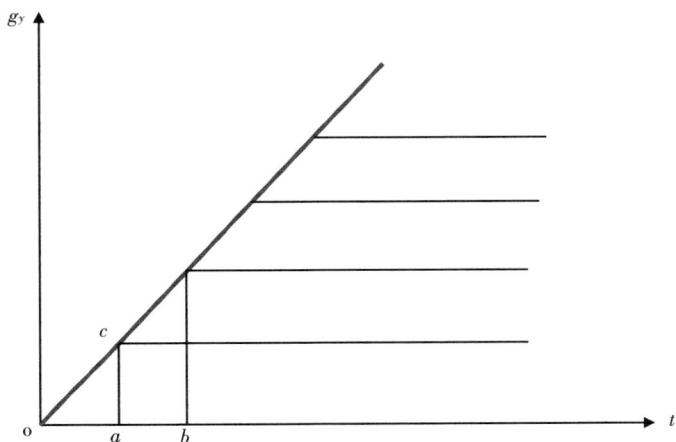

图 3-28 创新周期长度与产业增长波时长相同情形下总动态

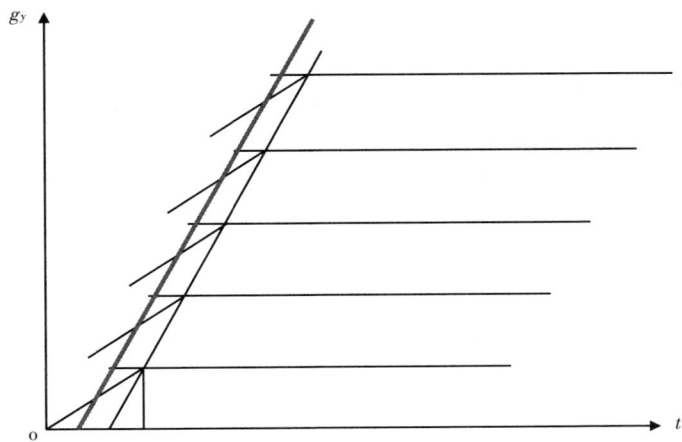

图 3-29 创新产业增长周期重叠的情形

的决定因素,显然有市场规模、技术进步水平、劳动力供给增长率等。但这一问题超越了本书的研究计划,我们留到以后研究或留待其他感兴趣的学者。这样我们需要聚焦新产业产生的频率问题。

三、横向技术进步——新产品的创新

　　假定只有基础知识的积累和重大突破才能形成横向创新型产品的形成。实际上人类重大的科学技术进步无不以基础科学理论的重大突破为基础。干中学和应用型科学研究能够改进纵向的产品质量,可以提升同类产品的效率,但一般很难形成全新的新领域的突破。作为理论性研究,我们假设横向创新的产生需要严格依赖基础性科学技术人才,即新产品的生产需要依据相关理论知识为基础,但仅有理论知识并不能直接形成新产品的生产能力。基于这一思想,我们关于基础知识和横向创新发生的机制大体采用阿罗、英特里利盖托(Arrow, Intriligator)在《增长手册》中的处理办法。设有基础知识增长方程①:

$$B_t = \delta B_t m_t^{\alpha} \tag{3.26}$$

　　现实世界中,新知识的积累来源于基础性研究人才的突破性的基础知识研究贡献(一般基础性贡献是公开发表的)。在实际中,新知识的增量积累达到一定的标量,才会有一个新产品类被创新出来,不同的新产品所需要的新知识积累量是随机而且相互不同的。

　　为理论研究的便利,假设每一个新型产品类的初始产品创新都需要标准新增知识量增长一倍②,则第 t 期是否有新产品类创新出来,或有多少新产品类创新出来,取决于新知识投资量的多少。将式(3.26)

---

①　这一假设引用了《增长手册》第三章中横向技术进步的刻画方法。

②　如此,式(3.26)中隐含了每个新产品类所需要的劳动累计投入为 $1/\delta B_t$,因而本质类似于原文思想。

改写为离散型方程,有:

$$B_{t+1} = B_t + \delta B_t m_{t+1}^{\alpha} \qquad (3.27)$$

基础知识是公共的,需要社会公共投资规划,基础知识教育和基础知识人才队伍培养是基础知识创新发展的保证,需要社会公共支出供给,所以虽然假设基础知识创新是新产品类的生成基础有一定苛刻性,但从长期总体发展历程观察,并不失实。因重点在于理论的探讨,所以,这样的划分有利于简化分析和厘清内在的逻辑关系。

每一种新产品的基础理论突破以后,专门从事应用研究的部门可以以此为基础展开各自的品牌但同类的新产品的开发研究,这一过程就进入到纵向创新的程序了,前文已讨论。这里仍聚焦基础理论的创新发展过程。由式(3.27)有:$g_{Bt} = \delta m_t^{\alpha}$,从而一次标准创新所需要的时间为

$$tt = 1/(\delta m_t^{\alpha}) \qquad (3.28)$$

假定社会计划者服从基础研究投入的规则为:保持稳定的财政收入的基础部门投入比例为 ρ,财政收入是总产出的线性函数,因而可以直接有:

$$m_{t+1} \lessgtr \rho y_t + \widetilde{\varepsilon_t} \qquad (3.29)$$

其中,$\widetilde{\varepsilon_t}$ 为基础研究政策扰动,服从长期宏观经济调节规则。由于人才培养有巨大的时间滞后,因而,t 期的投入只能到 $t+1$ 期才能形成实际可用劳动。在不考虑不确定时有:

$$tt = 1/[\delta(\rho y_t)^{\alpha}] \qquad (3.30)$$

四、平衡增长均衡

　　假定社会计划者的目标是使长期可持续的均衡增长率持续最大，并能够通过激励政策措施进行劳动资源的初始配置。为了简便起见，我们把所有的横向创新都看作匀质的，即虽然所形成的新的产品类有完全不同的功用，但人们的偏好强度对所有的产品类相同，在这样的假设下，社会给所有商品类的劳动配置也是匀质的，这样才能形成平衡增长均衡的状态。在平衡增长均衡的状态下，已经饱和的产业持续的纵向技术进步带来的效率改进恰巧补偿劳动的退出所带来的产能下降效应，从而维持该产品生产恰好等于总需求。这样实际上当期新生的劳动会全部配置在基础部门和新生的产品类部门。这是一种为了便利研究而假设的极端理想的状态，但其效果是等价于实际的长期平衡增长均衡的一般化状态的。这样每期社会计划者总的劳动分配只需要在基础部门和新增行业之间进行。假定 t 期社会总劳动基数为 L_t，新增劳动比率为 v_t（实际上新增的劳动不可能全部分配到新行业或基础研究部门，会有大量无效劳动，即未受高等教育的劳动，这些不可能成为新技术劳动或基础科研人员，因而这里定义此比率已经包含了对此因素的考虑，即相当于 $v_t = v_{1t} v_{2t}$，v_{1t} 表示新增劳动比率，v_{2t} 表示新增劳动中受高等教育的比率）。于是有每期新增劳动的分配约束方程：

$$m_{t+1} + e_{t+1} \leq v_t L_t \qquad (3.31)$$

　　则社会计划者最优问题为

$$\underset{\rho}{Max}\left(\frac{ti \times g_A}{tt}\right) = l_1 z(e_{t+1})\ m_{t+1}^{\alpha}$$

$$s,t: e_{t+1} + m_{t+1} \le v_t\, L_t\ ;\ m_{t+1} \le \rho\, y_t$$

其中, $l_1 = ti(\gamma - 1)\lambda\delta$ 。

求解上述问题有最优政策规则方程:

$$\rho = \alpha z(e_{t+1})/[z'(e_{t+1})\ y_t] \tag{3.32}$$

假定中央政府在平衡增长路径上政策规则稳定,即有最优政策规则:

$$\rho^* = \alpha\, g_A^{-1}/\, y^* \tag{3.33}$$

其中,应用了 $g_A = g_z = z'(e_{t+1})/z(e_{t+1})$, y^* 为均衡潜在产出水平。

由此有最优横向技术增长率:

$$g_B{}^* = \delta\, \alpha^{\alpha}\, \frac{1}{g_A^{\alpha}} \tag{3.34}$$

结论 5:假定"理性有为"的政府采取稳定的最优规则性政策 $\rho^* = \dfrac{\alpha\, g_A^{-1}}{y^*}$,则最优横向知识进步率与纵向技术进步率存在"互偶"关系: $g_B{}^* \times g_A^{\alpha} = \delta\, \alpha^{\alpha} =$ 常数。 近似的平均长期经济增长率 $ti \times g_A{}^* \times g_B{}^* = ti \times g_A^{1-\alpha} \times \delta\, \alpha^{\alpha}$ 。

结论表明在政府采取最优规则性政策的情形下,有限的社会最优资源配置可以自动实现,纵横向技术进步呈现稳定的互偶关系,这种状态表明了资源配置具有完全等价的效应,因而是实现了最优效率的状态,也反过来说明这样的规则性政策是最优的。

但这种最优的规则并不代表经济是自动平稳的,实际上隐含了潜在的内生周期的可能性:当横向知识进步积累到一个从量变到质变的转换时刻,一个纯新的产品类被创新出来,于是社会资源开始聚集到这个领域,这个新产业的纵向技术发展速度不断增加,新的一波经济增长开始启动,这时横向知识进步率会因为资源流失而下降(即单纯由于此时 g_A 的上升也会引致),但随着新产业的发展逐渐进入或接近饱和期,市场需求开始下降,前瞻性的私人部门开始减少该产业的投入,资源又会慢慢回流到横向研究部门,这是一个新的横向知识进步率 g_B^* 开始上升的阶段,直到横向知识的积累达到激发下一个新的产品类。如此循环,周期内生。这一长周期内生性思想实际上早在陈昆亭等(2004)《经济学(季刊)》上的论文中就有刻画:引入人力资本的可变折旧率,实际上表达了几乎一致的内生周期的机制。

式(3.33)可以改写为 $\Delta \rho^* = \Delta \alpha - \Delta g_A - \Delta y^*$,由此可以更清晰看出,最优政策规则的影响因素和机制:产出水平的增长和纵向技术进步率的提升都会形成对基础研究投入比例的替代效应,而基础研究的产出贡献弹性的增加则会提升基础研究部门的投入比例,呈补偿效应。这一结论符合一般规律,也能够进一步补充解释长期经济的潜在的内生周期波动的机制:当新产业横向技术进步较高以及形成产出增长率较高时,社会资源更多地集中到实际应用性研究和生产部门是整体最优的;当横向技术进步有限以及产出增长下降时,基础研究投入的增加有利于促进新产业的形成,因而基础投入的增加对总体最优。

长期经济增长率取决于三个方面:(1)决定每一个新生产业增长期的长短的因素;(2)产业纵向技术增长率;(3)基础研究劳动的产出弹性参数和创新贡献率参数。其中,纵向技术进步只有短期效应,决定机制为市场行为；纵向技术进步和产业增长期取决于社会计划机制。

推论 5.1：在 $\alpha = 1$ 时，存在对称互偶关系：$g_B{}^* \times g_A{}^* = \delta$，此时经济均衡长期增长率为 $ti \times g_A{}^* \times g_B{}^* = ti \times \delta$。

在此极端情况下，长期经济增长率几乎完全取决于产业增长期的长短，以及基础知识积累率参数 δ。但这两个方面的影响因素都属于微观基础层面，经济中相关的制度和政策是影响这两个因素的关键，其中产业政策和国际贸易政策是决定产业增长期的主要因素。

第三节　讨　论

本节进一步讨论长期可持续增长的实现条件和经济周期波动的内生机制问题。在本章的封闭经济模型中，需求的动态决定经济增长的动态和周期波动的特征。产品需求的有限性决定了每一种商品总需求的市场规模的有限性，也就决定了产业发展的上限，由此形成了每一种产业从初始上升发展，到逐渐饱和，再到逐渐衰退的倒 U 形的典型特征。从而，每一种产业对于总体经济增长的贡献也分为三个阶段：高增长阶段、低增长或稳产出稳就业但零增长阶段，以及负增长阶段。而总体经济增长的实现是全部产业增长的总和，因而总体经济的长期增长依赖两个方面的因素：第一，非饱和产业增长期的长短、非饱和产业增长率大小和非饱和产业的数量。产业增长期越长，贡献的总增长期越长；单个产业增长期平均增长率越高，对总体经济增长率贡献越大；同期能够实现正增长的产业越多，总经济增长率就会越高。第二，新生产业产生的频率越高,或新产业发生的时间越短,则总体经济的增长率就越高。

但在总体要素禀赋有限的条件下,内生配置最优实现时,纵横向的分配增长存在共轭效应,在此情形下,单个产业的增长期成为唯一外生影响长期经济增长的核心要素。因而,产业政策施力的目标方向应当是努力延长产业增长期。

本章的模型机制显著不同于现有的大多数模型,假定了产业内部纵向技术进步是由市场内生决定的机制,但同时也假定了横向新产业的形成依赖基础教育的投入,是由政府政策性决策形成的机制。这是一个市场与政府"混合型"的驱动机制,这种机制相比较更加符合中国的实际情形,对于市场为主的经济比如美国也有一定的解释力,毕竟基础教育和基础科学研究具有较高的社会性和外在性,政府驱动是主流的实际行为。

虽然在封闭经济中讨论有限需求更容易一些,但扩展到开放经济的框架,基本结论在本质上不会有所改变,恰恰更能突出市场规模的重要性。产业发展在国际环境中面临更大的总体需求市场,因而竞争占优的本国产业增长的周期会更长,但处于竞争劣势的本国产业增长周期会大大缩短,或根本没有发展的可能。因而,国际化对于技术优势显著的产业有利。但即便有优势的产业,国际总体的市场也仍然是有限的,其基本规律仍服从倒 U 形特征,至少理论上如此。但在国际化大市场上占优的产业可持续发展的周期会非常长,这毫无疑问是所有经济都渴望实现的。

本章的模型中存在先天的内生周期的机制。产业发展的周期性形成了总体经济周期性的潜在微观基础。图 3-20 至图 3-22 所展示的周期性波动本质仍源于技术进步，这一点一致于传统的 RBC 理论以及在此基础上发展的类似的以动态随机一般均衡模型（Dynamic Stochastic General Equilibrium Model, DSGE）为基础的周期理论。传统 RBC 类模型基本可以完美地解释周期的成因源于技术进步等（如 Prescott, 1986, 估计波动 70%—80% 归于实际冲击）。不同的是传统 RBC 类模型依赖外生的技术进步冲击解释周期性波动；但本章的模型将技术进步冲击的结构性内生化了：本章基于产业周期叠加的机制，区分了技术进步的不同类型，不同结构产生不同的效应，横向知识积累形成新产品种类自身的离散特征，决定了横向技术进步是点射性激发态，这一特征具有随机性和趋势性。这一机制的引入补充了 RBC 理论外生冲击的不足，使得技术进步冲击成为内生性行为，而且基于横向产业增长叠加的机制可以很好地解释中期周期波动的特征。因而，本章的模型对周期理论的贡献非常清晰。

　　本章的重要观点及延伸思考：（1）决定增长的是市场需求，没有需求就没有增长。需求动力不足，增长就乏力。（2）市场是稀缺、有限的，源于需求是有限的。（3）市场的属性：共有性与专属性由制度基础决定。（4）市场是国民权、国家专有权、话语权。这些性质决定于市场的稀缺性、有限性和共有性。（5）各级政府应该替人民管好他们所应有的市场权①应合理分配公民共有的市场权。（6）社会主义市场经济

---

　　①　市场权与西方经济学中使用的市场力（market power）不是一个概念，这里的市场权是指对于市场所拥有的所有权属性，MP 市场力刻画的是市场中参与者占有的市场权的份额，前者是内在的权属属性，后者是使用属性。

与资本主义经济的本质区别除了生产资料所有制的不同,还应有市场权的分配方法的不同,资本主义经济中资本家独占市场,无产阶级丧失市场权,无法获得市场权红利。但社会主义市场经济中,市场权应归属全体人民,每一位公民都应当参与市场红利的分配。(7)在互联网时代,市场管理陷入混乱,资本掠夺性占有和无序使用,严重破坏了市场使用效率,因此急需建立和规范秩序。(8)改革开放发展至今,市场使用经验仍非常不足,缺乏效率意识,相关管理措施失位,急需建立相应的规范措施。(9)当代发达经济走过的增长之路不是最优的值得学习的榜样;发达经济中高比例的服务业是引致低增长的重要因素。(10)创造国内生产总值(GDP)和就业不等于创造增长;大部分的产业不带来增长;带来增长的产业只有新生产业和尚未饱和的产业(次新产业);劳动结构的最优配置是,大部分青年劳动力应该配置到新行业和创新部门。

第 四 章
有限需求理论的应用推广思考
——需求侧管理的逻辑、理论与长期战略

　　有效需求不足成为制约当代经济增长的主要因素。在供给过剩而有效需求不足的经济环境中,经济增长的实现本质上取决于需求而非供给。但传统增长理论主要强调供给侧要素的贡献、结构整合及创新激励等,这并不能解决有效需求不足的制约作用。有限需求理论从需求侧出发考察实际需求结构的变化规律、影响因素,以及制约产业发展的周期性特征,进而总结长期总体经济增长的一般化规律,从不同的侧面刻画现代经济增长现象,提供更加符合现实的理论阐释,体现了宏观经济学理论在新时代的新进展。

　　本章结合当前全球大范围新冠肺炎疫情冲击下的具体经济现象和前沿研究,分析有限需求对增长理论的影响机制,提出了一种对近年西方经济持续衰落现象的解释,并针对中国经济的实际状况提出了一些发展建议。

　　2008 年次贷危机诱发的金融危机和 2020 年初新冠肺炎疫情诱发

的金融系统高度"过敏性反应"都存在一个根本性的内在诱因——美等发达国家近 20 年来实体经济持续衰落。其中所隐含的深层逻辑是：（1）需求约束构成制约经济增长的刚性限制；（2）现代金融系统的复杂性造成其自身的高度脆弱性，过度的短期波动性成为引致长期经济增长下降的又一机制。而传统的增长理论过分强调供给侧要素和机制，忽略需求侧制约因素的影响，也缺乏对金融部门诱发过度波动的影响的考虑，因而受到现实经济实际状况的严重挑战。

近年来全球经济增长乏力，我国经济近十年增速持续下降，急需适应当前实际经济背景的理论的指导。而对需求侧研究的不足已经成为制约经济增长理论发展的关键阻碍，因此迫切需要对当前经济理论进行创新和改进。本章第一节给出美国长期经济发展的一些现象，并给出了需求制约经济增长的一些证据；第二节简单讨论传统增长理论的发展现状及其局限性；第三节分析在需求约束机制下增长问题的机制和逻辑；第四节结合我国当前发展的国内外局面，探索分析我国最优的发展方针和政策取向。

第一节　现象与证据

毫无疑问，无论从人均 GDP 数据或其他综合国力的指标，美国都是近百年来全球最富裕、最强大、发展持续性最好的国家。1900 年至第二次世界大战之前美国是西方发达经济国家中工业化发展最快的国家。1900 年的美国 GDP 约 187.5 亿美元，占世界总量的 23.6%，占资本主义世界比重则不足 25%（当时中国 GDP 占世界总量的 6.2%，大约是 49.3 亿美元）。经过 20 世纪 30 年代的大萧条的剧烈波动，资本主义经济世界格局发生了显著变化，到 1948 年，美国占资本主义世界的工业生产总值比重已经上升到 54.6%，占全世界的比重也接近 50%。在此阶段的发展过程中，我们可以初步发现，危机和战争不但不会伤害美国经济的发展，反而会提升美国的相对地位。

第二次世界大战之后美国经济占世界比重的变化可以分为四个时期：1960—1970 年稳定在 40% 左右，但有小幅度下行；1971—1985 年、1986—2001 年，都是先迅速下滑然后迅速上升的震荡下行周期，这两个周期的峰值一次比一次低，谷底也是这样，所以说美国在世界经济占比是持续下滑的，在此期间平均占比大约在 30%；2002 年以后是第三个持续下滑的阶段，在 2009—2019 年占世界比重已经接近平均 20% 左右。这期间经历了大萧条之后第一次严重的由 2008 年次贷危机诱发的金融危机，这次危机的结果是：在危机发生后的 12 年中，英、法、德的银行作为美国银行的主要竞争对手，2019 年的股价分别比 2007 年跌去 76%、60%、90%。而美国主要银行的股价到 2019 年则分别长了 3—4 倍。欧洲经济同样一蹶不振。而美国则借以实现了一段短暂的复苏，2014 年美国 GDP 占世界的份额就明显比之前几年小幅上升，达到 25% 左右，如图 4-1 所示。然而，这一短暂的繁荣仅仅 6 年后就被突如其来的新冠肺炎疫情刺破了内在的泡沫，经济的新一轮萧条开始了。新一轮危机后美国还能像以往一样延续新的繁荣吗？

虽然至今美国仍然是世界上综合实力和 GDP 总量最强的国家，但近 20 年持续的萧条已经日益明显，曾经的辉煌似乎正伴随着罕见的疫

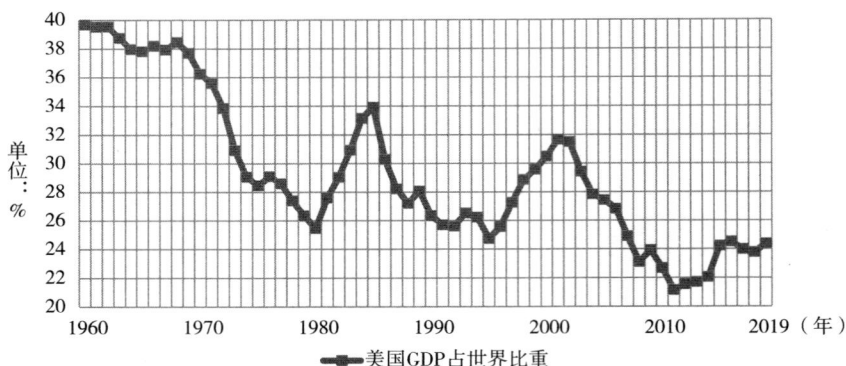

图 4-1　1960—2019 年美国 GDP 世界份额占比变化

数据来源:世界银行。

情暴露出潜在的问题。当美国人满为患的医院病房和蜿蜒的失业者队伍的影像在世界各地播放,各国民众正难以置信地注视着这个世界上最富有和最强大的国家,充满着疑惑和惊恐。位于德国柏林的赫尔蒂行政学院(Hertie School)的校长亨利·恩德莱因(Henrik Enderlein)说:"当人们看到纽约城的照片时他们说,'怎么会发生这样的事情?这怎么可能?'。""我们都惊呆了。看看失业者排起的长队,2200 万。"牛津大学欧洲历史学教授蒂莫西·加顿·阿什(Timothy Garton Ash)说:"我感到极度悲伤。如今它领先的地方却大不相同:超过百万被确诊 Covid-19,至少 5.6 万人死亡,比世界其他任何地方都多。"法国的蒙泰涅研究所(Institute Montaigne)的政治学家和高级顾问多米尼克·莫伊西(Dominique Moïsi)说:"美国的表现不是差,是指数级的差。"(America has not done badly,it has done exceptionally badly)①

──────────

① 《"我感到极度悲伤":一个失去美国领导的西方世界》,2020 年 4 月 24 日,见
https://baijiahao.baidu.com/s? id=1664854257515615126&wfr=spider&for=pc。

　　然而,这样的事实却实实在在地发生了。正如人们疑惑的那样,我们需要思考:首先,强大如美国,为何会表现这么差?毕竟,美国聚集的各学科理论领域人才专家最多,每年举办的各类高级别学术活动最多,诺贝尔奖等高级别奖的获得者最多,为何不能在这次新冠肺炎疫情的大考中获得至少不低于中等的成绩呢?这一问题显然超出了单纯从经济学角度可以解释的范畴,但它是引导我们向下思考的开端:为什么每个方面要素的供给都很好,却不能得到很好的产出/结果?这一问题引申出了对下一问题的思考:1900—1960—2020 年的前后两个 60 年,美国经济的发展显然走出了一个显著的上升和萧条的完整的长周期过程。在上升的过程中,一切因素,甚至包括危机和战争都可能成为推动其进一步发展的动力,而在萧条的过程中,多数被认为可以支持其增长的因素似乎又都失去了往日的荣光。因而,我们需要思考,决定这样的更长周期的内在的机制究竟是怎样的?影响因素有哪些?从中可以得到怎样的启示?由此我们进一步思考:现实经济与现有的增长理论所适应的情况相比发生了哪些重大的变化?现有的增长理论在哪些方面存在失实或缺陷?

　　我们首先观察 1900—1960 年这个美国经济繁荣上升的 60 年以及以前的主要产业变迁过程。美国第二次世界大战前经济主要以市场调节为主,后期加强了政府的引导作用。1860 年以前,轻纺产业占主要地位;但到 1900 年,钢铁、煤炭的生产经过多年快速增长,美国已经成为非常大的产出地,特别钢铁已经成为美国最主要的支柱产业,同时电子、化工和汽车产业在进入 1900 年之后的阶段就开始蓬勃发展。这些综合起来已经奠定了强大的军工产业所需的配套基础支撑。因而,两次世界大战对军工产品的大量需求成为拉动美国钢铁、机械制造和化工产业在 1900—1950 年间迅速发展的重要推动力量。这使我们明白，危机和战争对于一个上升的经济取得更大的国际产能份额和取得更高的经济发展成就都是顺理成章的契机。如上所知，大萧条和第二次世界大战之后，美国产能的国际份额从 1900 年的不足 25% 跃升到 1948 年的 50%。战后的第一个十年，1950—1960 年，是欧亚主要战场平静下来开始恢复性建设和生产的最快的阶段。到 1960 年时美国的产出份额仍然维持在 40% 左右的水平，并于此后的数年仍维持该水平。

显然美国已经聚集起来的强大的军工产能在第二次世界大战之后失去了需求市场。如果全部关停这些军工生产部门和工厂，将造成巨大的失业和短期的严重经济衰退，因而发动朝鲜战争和越南战争应该是宣泄其过剩军工产能的内在需求。但这两次战争对美国经济的长期发展是正确的或者是错误的，并不好简单评判。但有一点是清楚的，即不再像第二次世界大战那样因为强大的内外部需求而表现出绝对的正效应。一方面对于短期经济的发展（就业和强大军工产业发展的维持）具有正效应；但同时也消耗巨大的社会财富，挤出了许多其他产业本应获得的发展机会，让出了本来非常优势的汽车产业等国际市场份额给战后的德国和日本。从此后数年的发展来看，不但朝鲜战争和越南战争没有取得胜利（即使胜利了也很难评估其收益），而且曾经繁华的底特律成为死城，而欧洲和日本的汽车工业成为美国人长久的噩梦。但是美国保有了强大的持续远远领先的军事产业力量，并以此维护了美元的国际地位。由此奠定了美国走另外的一条发展路径——"军事+金融"模式的可能性。那这一发展路径到底如何呢？

　　我们再来观察 1960—2020 年这个 60 年中美国重点产业的发展。第二次世界大战之后,美国逐步发展资本集约型产业,传统制造业的利润率日益趋微,不能引起资本的持续兴趣。1970 年以后,技术集约型产业获得快速发展,如航天航空、计算机和新材料等高新技术产业,这成就了图 4-1 中 1980—1985 年期间的上升阶段;1990 年以后,信息产业获得大力发展,并带动了与其信息相关的其他产业的发展。信息产业在大约 1995 年后开始形成红利,引致美国经济此后的大约 7—8 年的繁荣上升期。信息产业繁荣之后,美国经济缺乏新的实际产业发展带动经济走向新的繁荣。"军工产业+金融产业"的二元复合体开始日益被寄托更多的重任。从图 4-2 可以看出,制造业在美国是萎缩最多的产业,扩张最多的是金融保险和地产业。

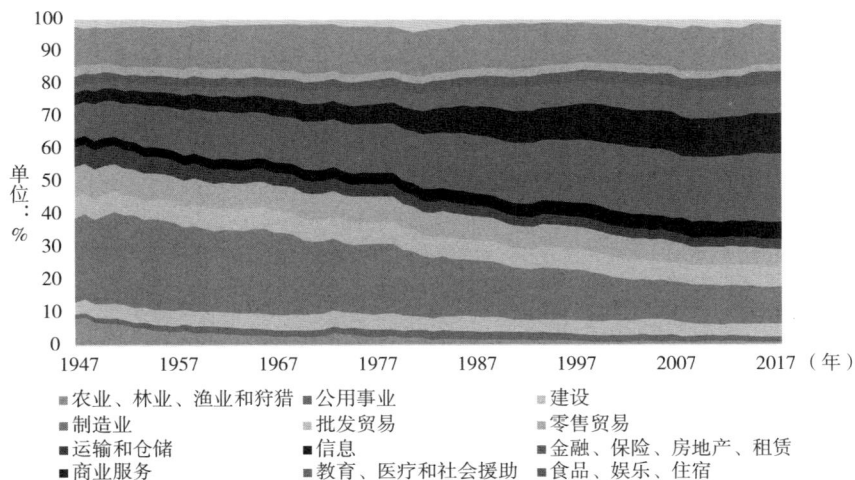

图 4-2　美国 GDP 中行业构成的变化

数据来源:美国统计局。

为什么美国会走向金融化发展之路？主要原因是金融业为资本提供的利润要高于非金融业的利润，这样才会吸引足够多的资金进入金融领域。20 世纪 70 年代的滞胀，使得美国国内外市场均大幅萎缩（本质是需求饱和），制造业利润普遍下降，逐利的资本开始逐步离开这些领域。从 20 世纪 80 年代初期到 90 年代中期，私人净非金融投资占 GDP 的比重持续下降。一些制造业开始向海外转移。与此相反，80 年代后美国金融业的利润不断提升，且在 90 年代进一步快速提升，大幅超过非金融行业的利润。为什么会这样呢？理论上应当是实体经济赚钱分一部分给银行，现在看来是银行获得的比实体经济还多。这是怎么实现的呢？最初是金融资本与产业资本日益融合，此后金融资本逐步掌控了整个经济体系。当金融垄断达到一定程度，产业资本沦为近乎纯粹的金融资本的打工者，于是产业资本只能获得类似于一般工人获得劳动生存和劳动力复制所需要的基本成本一样的边际收益。这是人类经济史上的新现象，其潜在的形成条件是绝对的私有财产权和市场自由主义。当资本高度聚集之后，社会政治经济决策也完全被金融资本财团的精英代理们控制时，政策的有偏性就会自然形成，并形成不可逆转的趋势（这种负向有偏性的政策会成为社会财富差距逐步扩大和社会矛盾不断加深的根源）。比如 2008 年的金融危机本来就是金融体系自身出的问题，本质是金融资本过度贪婪造成的，但最终处理危机的政策是银行体系以"大而不能倒"之由获得国家印钞票扶持，实际上是拿穷人的钱补贴富人，究其原因还是话语权被"精英"把持，穷人永远生活在富人编织的幻境中而不自知。但是当产业资本也沦为更加聚集的极少数金融资本寡头联盟的打工者并被支付仅仅维持产业生存的边际成本之时(中产阶层与此同时开始萎缩),资本主义经济就真正进入了马克思所刻画的资本主义经济自掘坟墓的阶段。

资本主义经济越到最后阶段越疯狂、越危险。为了转移国内矛盾,除了利用强大的国际货币地位隐式掠夺全球财富外,还依仗强大的军事力量强取豪夺外国资产。这些年虽然看起来美国制造业有很大萎缩,但其军工产业(军工技术和制造)一直保持绝对的超前领先地位,为此挑起各地不安也绝对是符合维持军工产业发展的利益需求的。美国军工行业大规模并购的浪潮从 20 世纪 90 年代初开始,比较著名的如马丁公司先后收购 GE 宇航公司和洛克希德公司,共组成洛克希德·马丁公司。在此过程中一些低利润或者简单规模化的生产板块被转让到国外,留下真正的高精尖技术研发和高利润行业一直牢牢握在手中,这也是美国霸权的支柱之一。2015 年美国制造业创造增加值 2.17 万亿美元,比日本加德国再加上韩国制造业的总和还多,且正在变得越来越高效。美国制造业就业人数虽然从 1979 年最高峰时到现在减少了近 800 万人,但工人收入、生产效率、产值和出口额都在不断提高。2017 年美国企业军火销售 2260 亿美元(整体产值不低于 6000 亿美元,例如军民融合产品),占全球军火销量的 57%;其中军火出口 656.2 亿美元,占世界军火贸易的 34%。值得注意的是,美国占在全球百强军火商名单中 42 个,并包揽前三:洛克希德·马丁公司 2017 年以 449 亿美元的销售额占据首位,波音公司以 269 亿美元排在第二位,雷神公司以 239 亿美元排在第三位。①

---

① 《2017 年中美 11 大核心产业对比》,2019 年 4 月 3 日,见 http://m.kdnet.net/share-13235751.html。

综上,我们看到美国近 120 年的发展可以划分为前后两个 60 年的阶段,表现出显著的特征,前半部分是产业经济繁荣上升的阶段,后半部分是产业经济逐步弱化的阶段。美国低端制造业的退出具有市场内生性质,本质上是资本追求高额利润的选择结果。但军工产业的繁荣发展则并不能简单地理解为是纯粹市场选择的结果,显然与国家意志(军费开支可以体现)和国家战略有关系。美国战后逐步走向金融经济霸权主义道路,为维持其霸权地位坚持强军战略,近十年虽然经济仍处在金融危机之后的恢复期,但军费仍保持平均每年 6000 亿美元之上的水平,并有持续升高之势,如图 4-3 所示。在全球军费排名前十中,美国超国其余九个国家之和,占到全球军费的 40%①。

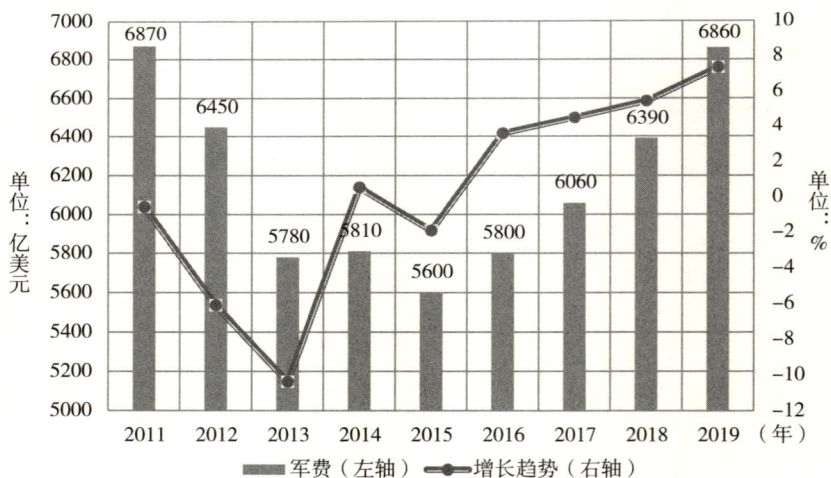

图 4-3　2011—2019 财年美国军费预算增长走势

数据来源:美国统计局。

---

① 《美国军费占全球军费的 40%,对比中国这些钱都花在哪些地方呢?》,2017年 9 月 8 日,见 https://www.sohu.com/a/190643198_740931。

综合来看,美国走到今天的"金融+军事"霸权主义道路是体系内在机制和国家战略导向联合决定的。国家战略导向的选择有一部分决定于金融资本集团意志的内生必然性,也有一部分会受到政治领导者群体意志的影响,但本质上更多的是系统内生决定的机制,也就是说120 年的这个长周期具有内生性。那么,更深层的内生机制是什么呢?我们下面给出一种可能的逻辑。

第二节　增长理论的发展及面临的挑战

美国 120 年的长周期特征呈现的倒 V 形特征给现代主流内生增长理论提出了一个大大的挑战。传统的内生增长理论预测的平衡增长路径可以较好解释工业革命以来西方主要经济体的大部分阶段的发展特征,但近 30 年来西方经济的表现已经越来越清晰地显示出脱离这种均衡状态的趋势。因此,关于增长理论的未来发展和对现实经济新发展趋势进行解释的要求正成为一个重要的引领新理论的课题。

现代研究经济增长的主流方法是从新古典增长模型基础上逐步发展起来的内生增长理论。经典的代表性内生增长理论模型有:罗默(P.Romer,1990)的知识增长模型、卢卡斯(Lucas,1988)的人力资本模型、Aghion 和 Howitt(1992)、西格斯托姆等(Segerstrom, et al.,1990)的创新模型等。

一、内生增长理论的发展

从模型技术方法来看,P. Romer(1990)、Lucas(1988)分别引导了内生增长理论突破的两个主要方向,即分别在新古典一般均衡框架的 **Ramsey** 模型中引入技术积累方程和人力资本积累方程。这类模型预测的结论包含两个核心点:(1)经济将收敛于稳定的平衡增长路径(人均产出增长率是正的常数);(2)BGP 均衡正向依赖于外生的人口增长率。这一理论隐含着人口与增长的正相关关系,或人口增长率与产出增长率的正相关关系。第一个核心点表明经济一旦发展到 BGP 均衡,将进入长期稳定可持续的增长轨道,而这一点与人口正的持续的增长有直接的联系。

内生增长理论给出了对初始工业化过程中出现的现象较好的解释,即(1)纵向增长问题:从农业经济向工业经济转化过程呈现的纵向的持续高速增长现象;(2)横向差距问题:不同国家之间呈现的巨大的收入差异。其核心思想是:技术进步是引致工业化增长的核心要素,可以解释纵向增长问题;人力资本差异可以解释横向收入差。

然而,人类进入 20 世纪后,发达经济体相继出现了人口下降的事实,而这些国家似乎仍可以保持正的收入增长,且同其他国家的收入差距呈持续扩大趋势。这成为传统内生增长理论难以逾越的难题:为什么人类社会长期以来一直保持的人口增长与生产增长的正相关关系会在 20 世纪发生逆转?①

21 世纪之初,一批宏观经济学大师开始系统地总结和思考上述问题,这开启了增长理论的新领域——一致增长理论(UGT 理论)的发展。创始性的研究为盖勒、魏尔(Galor,Weil,2000)及其系列研究盖勒(Galor,2005,2011)、Lucas(1998)等。该理论致力于系统地解释从马尔萨斯阶段到工业革命阶段再到现代增长阶段,人均收入的动态一般规律。因而,该理论的初始使命就决定了其两个方面的任务,一是人口下降现象的解释,二是长期阶段性规律的解释。UGT 类模型主要的突破是在内生增长框架中将生育选择内生化,其核心贡献分为三个方面:(1)解释了人口下降的内在机制,认为这是工业经济时代的自然过程;(2)内生人口的内生增长理论基本上回答了"人口降,增长率不降"的问题;(3)增加了对工业化初始阶段到后工业化阶段的动态内生过程的解释。

二、传统增长理论的局限性

一致增长理论把内生增长的思想推到一个新的高度,扩展了基于

---

① 进入 20 世纪后,在被观察的大量国家中,由 R&D 驱动的生产力增长越高的国家,人口增长率越低或为负值。在知识技术处于前沿的国家群中,当生育率减少时,生产力增长率增加。例如,贝尔(Baier,et al.,2006)研究了 1950—2000 年人口增长与 TFP 增长的关系。伯南克、格尔凯(Bernanke,Guerkaynak,2001)研究了可以得到数据的所有国家,都发现有显著的负相关关系。关于 20 世纪人口增长与收入增长负相关关系方面的文献还有很多[如:布兰德、道里克(Brander,Dowrik,1994);凯利、施密特(Kelley,Schmidt,1995);阿希图夫(Ahituv,2001);李、张(Li & Zhang,2007);赫策(Herzer,et al.,2012);等等]。

人口动态的内生经济动态规律,并遵循了内生增长理论 BGP 均衡的基本判断。但近年发达经济逐渐下降的增长趋势显著偏离了该理论预测的 BGP 路径,如美国 120 年间的倒 V 形长周期规律似乎正在脱离内生增长和一致增长理论的预测路径。这方面的问题已经引起许多学者的关注、思考和质疑,其中内生增长是否可持续的问题较为突出,不可回避。这里的"可持续"是指在内生增长经济中,社会经济生产均衡(平衡增长路径 BGP)的长期稳定可实现性。

实际上内生增长理论从来没有严肃认真地回答过"内生增长均衡中平衡增长路径是否是唯一稳定可持续的?"这样的问题。欧美发达经济体在工业革命之后一直发展得很好,之前似乎的确如内生增长理论所解释和预测的那样,基本上运行在 BGP 均衡路径之中,而且之前也从没有表现出极端不稳定的倾向。但在最近二三十年国际经济新常态中,发达经济多数开始表现出显著的偏离 BGP 的趋势,由此引起的人们的新观察和新思考也刚刚开始。近二三十年同时发生的信息和金融化趋势于是很容易成为解释经济全球化新常态的原因,投机过度和过度杠杆以及负向有偏的货币政策等都成为最容易理解的被批判诱发全球经济衰退的对象。当然,这些很可能是部分的真实原因。但金融加速器逻辑表明,过度金融化的作用更多表现为放大波动幅度。这虽然会对长期经济增长趋势构成影响,但绝不至于从根本上决定或影响更加长期的趋势化水平或总体的大方向。更多的学者都会理解认同这一点。因而,像美国这样的 120 年的倒 V 形大波动趋势很难用这样的机制给出令人信服的解释。

基于此,本章给出一种思考的方向:传统增长理论的发展主要沿供给侧要素展开,缺乏对需求侧影响机制与要素变化规律的有效研究,因而,我们将沿着需求的具体结构性特征进行更加贴合实际的探索——思考在需求有限性假设下长期经济增长的机制和规律。我们试图由此获得不同的理解,我们更希望引起聚焦于此的更深刻的讨论。

第三节　需求有限性下的长周期增长机制理解

一、需求有限性的含义及逻辑

在传统宏观经济框架中,需求通常被假设为代表性家庭消费的一揽子商品的总需求,因此这样的需求通常会随着收入水平的提升而无限增加,但实际上人们对某个具体商品和服务的需求并不总是无限的,而且人们对不同商品的需求是有层次的,只有在最基本的生存需求得到充分满足后,才会考虑更高一级的需求;同时不同的收入结构或不同的收入水平的群体通常有不同的需求结构,而不同的商品价格结构也会影响需求的结构。这些基本事实都蕴含着需求结构对总需求是有重要影响的。因而,传统的关于需求的笼统刻画是会掩盖太多意义深刻的内容的,比如"后现代经济增长停滞"现象的根本原因等(Hansen,1939;Summers,2014;Gordon,2015)。

长期经济增长是由供给和需求双方的协调一致的共同增长来实现的。单方面的发展都无法真正实现实质的增长,这正是现代宏观经济学均衡理论的思想内涵。供给侧能力的发展是满足不断增长的需求的保障;反之,旺盛的需求是供给能力增长的动力。一个经济在生产力水平获得较大发展之后,供给能力已不再是社会的主要矛盾,而需求能力(取决于需求结构)就成为决定经济增长的矛盾的主要方面。

我们这里要讨论的需求有限性就是指人们对每一种具体的商品的需求是有限的(无论有约束或无约束)。这一逻辑是否合理呢?

然而关于需求行为的理论研究似乎一直没有超出凯恩斯需求理论多远。实际上后凯恩斯主义理论以及实际派在周期和增长理论方面的研究也都没有在模型框架中给出需求行为更多更细的讨论。"消费习惯形成"的概念引起宏观研究中一系列嵌入消费习惯的改进。"消费承诺"的概念,实际上也是假定人们的消费有潜在的"倾向"水平。这些研究都推动了朝向细致的具体需求有限性方面研究的进步,但这些关于消费的研究都是基于消费总量的观察和刻画,仍然太"宏观"了,因而不能更加生动并符合实际地刻画需求变动的规律。陈昆亭、周炎(2020)首次提出"有限需求"假设,认为人们的需求有限性有主观和客观两种形成可能:一种是主观需求的饱和,比如人们每日需摄入的食物是有限的;另一种是受客观财富约束而形成的"需求有限"。在社会财富分配体制确定的情况下,大部分家庭都面临财富约束,这限制了对许多商品(主要是非生活必需品)的消费,造成了实质上的有限需求。在任何特定的区域或国度内,有限的人口必然对应有限的市场需求,因而任何商品的需求市场都是有限的。

在假定人们对任何具体商品的需求都是有限的前提下,结合人们对商品需求的分层性质,即人们的基本生活需求是第一位的,是生存性质的,因而是相对刚性的,这也是任何阶层的人们都永远不可能脱离的需求的部分。这就决定了,人们对于生活层面的商品的需求是永恒的、持续的,因此,这类商品的生产供给也必须是永恒的、持续的,而不能是间断或周期波动过于剧烈的,否则就会出现需求的不足或过剩。虽然在国际贸易存在大市场的情况下,小经济体的供需平衡可以得到补充,但类似中国和印度这样的超大经济体,如果基本生活方面的产业生产的稳定性不能得到保证,则是非常危险的。在国家大市场经济环境下(全球一体化趋势下),基本生活类商品生产的技术水平要求极低(当然各国的生产效率的差异可以非常巨大),因而,这类商品生产利润是最低的,甚至对于很多企业来说是无利可图的。原因是,一方面对这些商品的需求是刚性的,但另一方面需求又是有限的。这就决定了几乎所有的经济或个体都有能力生产这类产品,因此在没有能力生产高技术产品来维持生计的情况下,生产这类(即便是低效率的)能够维持自己生存的必需品是无奈却最优的选择。而在高技术水平的经济体中,大部分劳动具有生产高技术产品的能力,其最优的选择也是参与高技术化产品的生产,这就形成了在高技术化水平的经济中最优生产的产品是高端产品。但即便技术水平再高,基本生活用品的需求也仍然是第一位的。但这些商品在高技术化经济中生产是不划算的、无利润的,这就是美国家庭生活型超市中几乎全是"Made in China"的现象的成因了。所以我们前面观察的在美国前60年的发展中,一般化工业商品生产是繁荣上升的,是因为在这一期间,其内生需求是未饱和的,是有需求的,因此,一般化工业产品的生产是能够促进经济发展的。但在后60年中,这些产业因为没有利润,而流出到美国之外的相对落后的经济体,在全球化的背景下继续反向供给美国人基本的生活需求。在全球愿意供给低端产品的经济体非常多,不用担心这些商品的生产会被某一国垄断。因而,美国在后 60 年中,国内基本生活型商品的生产产业是逐渐淡出,被高附加值产业所替代的。所以,美国是在全球一体化发展中始终站在技术顶端的巨人,也是最大的受益者,凭着技术优势,可以以任何一项尖端技术产品高价换取大量低价的生活必需品。这是后工业化阶段一直在进行的富于戏剧性的商业格局。但美国产业结构的矛盾在于:基础性商品是所有人基本生活所必需的,这类需求是刚性的,但这些美国都基本不生产。美国生产的主要是高技术产品,但这些并非所有家庭都必需,或都有能力拥有的。这是最直白的对结构性矛盾的描述。结构性矛盾还表现在社会劳动的构成方面。随着社会两极分化和资本日益过度的聚集,阶层固化达到难以逾越的程度。社会劳动的塑造逐步开始异常僵化,大部分低收入家庭的孩子既缺乏接受高等教育的机会,也缺乏主观动力,这同资本对劳动越来越高的技术化要求之间形成极大的矛盾。

因而,综合来看,美国近年的结构性矛盾可以概述为两方面:(1)产业结构与产品需求之间的矛盾;(2)劳动供给与需求之间的矛盾。

美国实际上在农业生产方面一直拥有极大的剩余生产能力,一方面美国地大物博,另一方面人口数量相对较低,人均占有农业土地面积巨大,且农业现代化水平极高。所以美国对生存的最基本保障是稳定的。毕竟土地是不会流动的,因而,即使农业生产利润不高,有持续稳定的需求的存在,农业生产的产能还是充足的。但低端制造业不同,低利润导使资本流出是必然的,所以特朗普政府的制造业回归计划或许只能在高端制造业领域展开,在低端制造业领域怕是很难实现。

这样的分析让我们可以很清楚地看到,美国制造业流出的原因,本质上是内生的过程,因而,美国的结构性失衡是根植于其内在因素的。同时,美国的社会性矛盾的根本原因在于贫富差距过大,这也是美国内在的基础性因素决定的。这些都是由资本的本性所决定的。在本书第三章中已有论证贫富差距的扩大是限制需求有效性增长的重要原因,进而成为制约增长持续的原因。由此我们可以看清,美国的根植于其内在社会制度的因素造成的诸多的问题,是诱致增长动力衰竭的根本原因。在这种局面下,为维护部分资本精英集团的利益,而采取非公平竞争的政治化手段,打压其他国家的科技企业的发展,必将直接和间接危害人类共同的科技进步和文明进程的发展。因为破坏国际科技技术领域公平竞争环境的影响将是深远深刻的。由此,美国政府的这种行为已经堕落为人类文明进程的阻碍。

美国的发展历程形成清晰的倒 V 形路径,虽然有很多影响因素。但总体看仍是最根本的内生性因素——需求机制决定的。从发展初期的需求拉动,到需求饱和后的制造业流出,再到后期因为基础工业的衰落,导致大量人口收入降低,中产衰落,最终造成严重的结构性矛盾。在这样的过程中,需求的力量如此之大,根本性地决定了主要规律的内生性质,并最终决定社会总体的基本运动规律。

马克思从商品的基本属性出发,深刻揭示了资本主义经济内在的基本运行规律,为人们深刻认识和理解资本主义经济提供了非常先进的认知工具——马克思主义资本理论。但马克思所生活的时代以及其他诸多建立传统的西方经济学理论的学者们生活的时代,都是在人类总体生产力水平相对低下的时代,人类从来没有像今天这样拥有如此多的技术,从来没有如此先进的生产工艺和科技、智能化水平,以至于有人估计,现在一年人们的产出能力历史上同样多的劳动一生能够创造出的产能的数量还要多。的确,有大型工业机械的帮助,人类的生产能力已经远非古人可以预知。

在传统西方经济学中,有一个重要的基础性假设——"稀缺性"。一般主要是指物质资源的相对有限性,但实际上也是指物质的供给是永远不可能达到足够丰富而出现大量过剩的局面的,即相对于人们的需求而言,资源总量总是相对不足的。虽然"稀缺性"假设在今天并非不成立了,但我们也看到,在后工业时代之后发达经济集体呈现内生性的人口下降的趋势,而生产技术和知识积累却在持续不断地增长,物质生产和供给水平在持续地提升,因此,在人们对具体商品的需求具有有限性的前提下,物质稀缺的局面有很大的改善。在发达经济中,人们早已度过为基本生存条件忧虑的阶段。甚至在改革开放 40 多年的中国,也已经基本解决了 14 亿人口的温饱问题,甚至不少家庭已经进入小康的状态,开始考虑更高层次的需求的满足。当然地球上还有饥饿人口,还有很多地区有待发展,但据估算,从整体来看,以现代地球上全体人口的生产能力是足以解决所有人的温饱问题的。

在有限需求和有限市场的条件下,任何经济中的经济增长现象都会发生根本的变化。比如,中国经济在改革开放初期,物质生产供给长期不足的状态下,最大的需求是与"温饱"问题相关的产品的供给。因而首先需要解决的是基本物质生活需求方面的商品生产问题,其中最紧要的粮食生产,所以联产承包责任制成为当时顺应社会发展需求的最好的政策。经过几年的粮食大幅度增产,基本的温饱问题解决之后,轻工业产品如自行车、缝纫机、收音机等开始慢慢进入新婚家庭,成为重要的彩礼和时尚的需求,而 20 世纪 90 年代后,电视、冰箱、空调等家电产品也逐步进入需求序列。在这样的逐步升级的过程中,前端的商品逐步饱和后,需求开始下降,或稳定在维持水平,此时这种商品的生产就不再带来增长,或者带来经济增长的效应逐步下降。而新的时尚需求的商品又会成为拉动经济增长的主要动力源。因而,总体来看,改革开放后中国经济高速增长的 30 年(1978—2008 年),正是解放了思想的中国人民奋力追求物质生活的 30 年,是从温饱到大多数实现小康的 30 年。正是这种极大的物质需求的拉动,推动了中国经济 30 年的高速增长。这一过程中包含了衣食住行等基本物质需求的满足。当这些基本需求都达到饱和之后,人们主要的需求开始上升到新的层次,比如休闲、旅游、文化娱乐、身心保健甚至精神层面的愉悦等方面。这些方面的需求的满足与物质层面的满足存在极大的差异,是与基础制造、基础建设等生产行为存在极大差异的,同时,这些方面的需求满足本身需要支出大量的时间,这就形成了对生产行为所需劳动时间的分配。因而,当社会基本物质层面的需求基本实现饱和后,经济增长将呈现显著的不同。由此也就可以理解美国出现的倒 V 形长周期特征的内在根源,本质上是经济在基本生活层面需求达到饱和后增长动力不足的问题。美国在 1960 年后逐步出现的制造业转移外国,实际上是本国基本需求饱和而形成产业利润率下降的事实表现。

因而,在有限需求和有限市场的假设下,所有的产业发展都会呈现倒 U 形的周期特征(陈昆亭、周炎,2020),即当一个新的产品创新出来,从最初市场对此产品的逐步认知、接纳,再到需求的不断增加,这期间是开始实现盈利并逐步形成经济增长贡献的过程;然后再到市场逐步饱和,需求下降到仅维持折旧更新的水平。这一过程中,就不再形成有效的对总体经济增长的贡献。这样的过程会在每一种产品类中经历,但不同商品的具体表现形态不同。比如食物和衣物等一次性消费型商品,由于人们持续保持定量需求,需求达到饱和后,仍维持较高的稳定的需求水平。当生产水平等于稳定的总市场需求水平后,虽然不再带来增长贡献,但需求刚性持续存在,一方面可以保有就业(比如纺织业和农业),另一方面保持基础需求的存在,因而,这类基础产业虽然不带来增长,却是不可缺少的。对于另一些商品,如冰箱、彩电等耐用品,一旦达到市场饱和水平,则新增需求就仅仅只需维持折旧更新的水平上,不但需求急剧衰减,维持就业的能力也会随着该产业内部纵向技术进步(比如自动化生产线等)而下降。这类产业的生命周期就会非常有限,对于总体经济增长的贡献期限也就非常有限,但其在繁荣期对增长的贡献度可能会很高。房地产是一类相对特殊的商品,因为房地产不但具有商品的使用属性,还有资产价值承载的金融属性。因而,其表现首先有一般商品的周期性特征(即同样存在饱和期和倒 U 形特征),又有金融资产的需求特征,这超出我们的讨论范畴,因此不予展开。从我国当前现实发展的情况来看,家电类商品已不再具有有效的增长拉动作用;房地产业基本达到了正效应的顶峰;汽车行业正处于繁荣发展的高级阶段,但汽车行业的国有化率太低而不能成为有效的经济增长的动力源,这是极其遗憾的事。也许欧美在此次疫情期间发起的封锁中国的行为反而会成为推动中国汽车高度国有化的契机。若果真如此的话,汽车产业极有可能成为拉动中国经济走向一个新的持续繁荣的高增长阶段,因为汽车工业的贡献力度和周期性都会大得多。

这就是我们关于有限需求假设逻辑的理解。概括起来就是:在有限需求假设下,市场是有限的。因而,任何产业对经济增长的贡献期限和总贡献度都是有限的。长期经济增长受到能够带来增长的新产业类的持续性出现情况的影响。同时,当最必需的商品类的需求基本达到饱和后,在生活改善型商品以及奢侈品产业的需求力度相对不强的情况下,这些产业能够带来的经济增长的拉动作用会持续降低,这就会造成长期增长动力会随着一般基本生活类商品的饱和而开始转向逐步衰减。这一过程即便在财富分配基本均匀的社会也会如此。如果在财富分配差距持续扩大、财富过度集中的社会中,这样的过程就会来得更快、更显著。

这样的过程看起来在我国表现得很快很显著,而美国的增长周期则较长。这是为何呢? 在西方发达经济的工业化发展过程中,其产品(主要是工业品)拥有全球市场,因而,产品销售基本没有遇到多大的市场制约,至少在初期的发展中是不受制约的。随着工业化进程的深入,产品不断多样化,新产品不断产生,意味着不断创造出持续不断的新需求。因而,传统的供给派的市场创造理论在一定的时代背景下是顺理成章的,需求的无限性也貌似非常合理。但随着工业化国家的增多,现代工业化水平的不断提升,人口的有限性和总体市场的有限性日益凸显,国际产品市场的竞争成为制约各国产业发展和经济增长的重要根源。因而,市场和需求的有限性成为当代经济增长的显著约束。

二、需求有限性假设下经济周期与增长的规律

传统宏观研究基本都是假定需求关系(如偏好等)是稳定不变的。但最近关于需求结构方面的研究开始了一些新的探索,如 Ju, et al.(2015),王、唐(Wang,Tang,2019),陈昆亭、周炎(2020)等。其中陈昆亭、周炎(2020)首次提出了有限需求的概念,并在此假设下开辟了探索经济增长和周期波动规律的新的解释思路和途径。毫无疑问,这是宏观经济理论领域的重要突破。传统宏观经济学对周期与增长理论主要的研究都是从供给侧(生产关系及生产要素)方面展开的,而在有限需求假设下的研究开启了一个同样重视需求端行为及其结构相关性因素等的规律研究的新领域。但是,很显然大多数学者还没有意识到这个新领域的意义,原论文中复杂的数学模型限制了读者对该思想的理解,因此本节将尽可能详尽地介绍这方面的思想和方法,以期激发更多读者的兴趣。

(一)需求如何影响长期经济增长和周期波动?

在传统理论研究中,如在索洛模型以及内生增长的模型中,需求和储蓄一起受到收入水平的制约,而收入又受约束于投资收益率和劳动收益率,这归根结底是一个动态均衡的过程,本质上取决于均衡水平的总体全面提升。这意味着:(1)只要收入是增长的,需求、投资、劳动参与率(或劳动总供给)就会是增长的。(2)只要总需求空间存在,就能够拉动经济持续增长。但现实经济中,实际的情形是怎样的呢?

首先,一些微小的偏离积累起来,会产生很大的长期影响,并最终

导致系统性失衡。比如资本收益率的一点减少,降低一点点储户的收入,这会等量地降低需求和储蓄,在基本需求刚性的条件下,就会全部表现为储蓄投资的减少,由此引起未来资本积累的下降,进而产出下降。总产出的下降又进一步降低要素收入比率,如此反复,会形成积累的系统性效应。这意味着,即使总收入即社会总产出水平是增加的,但由于分配政策的变化,导致一部分利益相关者的收入微小的下降,在这种政策下最终将导致总体的经济均衡增长水平的下降。

其次,即使所有参与者收入水平都有一定的提升,但不同群体对商品需求的结构差异是很大的,一些总需求已经完全达到饱和状态的家庭,收入增长不会带来任何需求的增加,这会造成现有产品均衡供给的增长的下降。因而,在有限需求假设下,收入的增长不会一直等量的转化为需求、投资的增长。实际上由于既定产业需求的下降,该产业的劳动需求也是逐渐减少的,由此形成劳动参与率也不是平衡增长的。

最后,即使总需求空间是存在的,但对于很多家庭来说,他们一直在为基本的生活需求辛苦劳动着,高档商品是不在其预算范围内的,所以看似存在的总需求空间,并不能表现为实际有效的需求。因此,与总产出对应的总需求并不等价于实际的有效需求。

这形成了对传统增长模型更深刻的挑战。实际上,传统研究中存在的看似相互矛盾的但又貌似都正确的结论的形成是自然的,即在不同的阶段需求与供给互换着对经济增长的决定性地位。但传统研究中关于需求的结构的刻画掩盖了这种内在的关系,以至于错误地认为增长主要是由供给侧因素决定的。现在我们可以发现,在有限需求的假设下,每一种产品成为一种产业的过程呈现倒 U 形的周期性发展过程,实际上在产业经济理论研究中早就观察到这种现象,只是一直没有找到合适的解释的微观基础。

"有限需求"概念认为:现实中,任何家庭对任何商品的需求都是有限的。第三章的结论显示:在封闭经济模型机制中,需求的动态决定经济增长的动态和周期波动的特征。产品需求的有限性决定了每一种商品总需求市场规模的有限性,也就决定了产业发展的上限,由此形成了每一种产业从初始上升发展,到逐渐饱和,再到逐渐衰退的倒 U 形典型特征。

这些结论扩展到开放经济的框架本质上是一样成立的。产业发展在国际环境中面临更大的总体需求市场,有竞争优势的本国产业增长的周期会更长,但处于竞争劣势的本国产业增长周期会大大缩短,或根本没有发展的可能。因而,国际化对于技术领先的国家有利,理论上在国际化大市场上占有优势的产业可持续发展的周期会更长。

(二)影响需求的要素或者需求结构的因素与机制是怎样的?

这是一个实际上非常重要,但在传统理论中缺乏深入研究的问题。马斯洛著名的需求层次理论认为人的需求是分层次的,并且是有次序的。人们在满足了较低的需求之后,才能出现较高级的需求。据此,在特定的空间条件下,人们的需求受到收入水平和价格水平的影响。收入水平决定可以消费的商品的层序范围,价格水平影响需求量的多少。价格越高,有限的收入之下的购买力就越小,反之越大。但是,当人们对全部商品的意愿已经得到满足,则价格水平下降及收入增长都不会再对需求增长有影响。

对个体而言,影响其个体需求层次和水平的因素主要是收入和价格因素。但对于经济总体而言,影响单个产品需求总量和总商品需求结构的因素就不仅仅是总收入水平和价格因素,还有收入分配的结构和财富积累的差异化程度。财富和收入差距越悬殊,社会的总体需求和对单个商品的需求都会越小,社会沉滞财富就会越多。所谓社会沉滞财富或社会沉滞资本,是指财富持有者所拥有的没有用于社会生产投资或任何实际经济活动的部分财富或资本。在经济繁荣期,创新活动频繁活跃,投资收益预期向好,资本投资意愿强烈,资本利用率提升;在经济萧条过程中,投资预期不良,资本投资意愿下降,沉滞资本就会大幅上升。因而,当收入差距过度悬殊时,投资和生产是不能达到潜在水平的,最终就业、收入和需求也会受到制约。

从供给侧来看,生产部门创造的全部价值如果均匀分配在私人家庭部门,成为家庭部门的收入,就会形成等量的潜在需求能力。但如果产出形成的价值在群体之间分配极端不均,而且这种有偏分配是单向持续的,则会造成财富逐步在部分群体聚集。当这种财富两极分化现象达到一定程度的时候,就形成少部分家庭拥有大量的财富,但当他们的需求饱和后,过多的财富不会增加需求;而大部分的低收入家庭处于财富紧缩状态,需求受到严重约束。在这种情况下,社会总产出创造的财富不能基本等量地形成实际的均衡总需求水平。经济增长无法达到实际潜在总产出能力的水平。这就刻画了有效需求不足引致经济增长水平逐渐衰减的机制。

第三章的模型刻画了一种内生的财富收入分配不均和有限需求限制增长的逻辑框架。模型引入纵横向分类的两种技术进步内生机制,由此形成了完全不同于现有的传统模型的增长和周期波动的机制方法。同时模型能够较好地解释增长和周期理论领域主要的典型事实，产生了一些基于实际和模型理论的认识。其基本的思想是:现实经济中既有纵向的技术进步,也有横向的创新发展。其中,纵向的技术进步指产业内部的技术创新,这种技术进步只能促进该产品类的生产效率和质量,但改进的产品仍是同类商品,由于对于同类商品的社会总需求市场是有限的,因而,在达到基本饱和后该产业持续的技术进步并不能带来更多的需求增长,反而倾向于挤出本产业内部的劳动需求,这一过程表现为当代典型的"技术进步型失业"的形成机制。因而这种技术进步本质上是扩大不同层次之间的收入差距,导致财富逐步聚集。而社会财富的过度聚集不利于长期经济增长,因为聚集在少数富裕群体的社会财富不能形成有效的需求,从而不能促进增长。横向的技术是指纯新类型的产品的创新,这类技术进步因为创造出的是纯新的产业市场,因而创造纯新的需求,具有促进社会总需求的增加的巨大能力,从而推动经济增长和社会进步。但横向技术进步对经济的长期可持续增长的推动作用会受到"社会财富结构、一般社会家庭偏好结构,以及新旧产品饱和度量对比值"等的影响。同时,所有纯新的产业都有达到总需求饱和的时候,此后的技术进步就会表现出如同纵向技术进步的特征,开始拉大财富差距,但对经济增长的促进作用会停止。

综上讨论有:长期经济增长归根结底取决于社会需求;技术进步并不总是促进增长;横向技术进步促进增长,扩大就业;但当产品达到饱和,产业内纵向持续的技术进步不再促进增长,反而挤出就业,扩大收入差距。

第四节　结合当前发展国内外形势，探索分析
我国最优的发展方针和政策取向

美国经济 120 年的倒 V 形长周期发展可以给我们怎样的启示呢？一方面在有限需求的逻辑机制下，如果把人们的需求简单划分为两类：I 基本生存需求和 II 高端奢侈需求，则 I 类需求逐步满足的过程正是长周期增长的过程，当 I 类需求达到饱和后，穷人对于 II 类需求没有需求，而富人的 II 类需求很容易满足达到饱和，于是，II 类需求不能构成拉动经济增长的动力，因而，I 类需求饱和后经济就开始进入逐步的下降过程。这一机制能够解释美国的长周期倒 V 形特征。在这一机制解释美国经济的逻辑中，贫富收入差距巨大是一个重要的环节，避免衰退发生的办法是让大多数人有能力持续增加对于新产品的需求，特别是对高新产品的需求。财富结构严重两极分化在美国有其特殊的自身形成机制，在自由资本主义经济的美国体制下，这一矛盾无法自我治愈。但我们可以由此得到启示：避免倒 V 形周期规律的唯一办法就是避免过度的贫富悬殊。在这方面，德国的宪法规定财富必须为大多数人的利益服务，这是非常先进的设计，可以说是自由资本主义经济中的社会主义思想之光的闪现。

中国有着天然的公有制优势，公有资本具有天然的服务于全体人民利益的属性和义务，因而是最有效避免贫富悬殊的天然基础。关键是如何有效发挥公有资本的属性，使其真实服务于全民，并从发挥社会

主义公平机能的方针出发设计其相关的利润分配机制,这样社会主义的优越性必然可以得到更好的发挥。

近年来,在美国经济持续的萧条过程中,各种危机不断发生,这说明美国式的发展道路并不就是最好的。本次新冠肺炎疫情的防控过程也进一步说明,美国的自由主义道路是非常糟糕的。透过美国的经验教训并结合有限需求思想的逻辑,我们可以得到如下几点意见:

1. 充分把握市场优势,尽可能充分发挥和拓展"当值产业"的增长空间。我国经济发展起步较晚,当前正在承担推进经济增长作用的新兴产业部门(当值产业)还有很多,需求尚未达到饱和的项目还有很多,但真正能够承担支柱职能的产业需要引起特别重视。比如汽车产业,当前我国大多数家庭已经实现温饱和基本生活型家电的配置,因而家电等产业基本处于饱和状态,而汽车产业则正是我国大多数家庭持续需要增加配置的大件产品,因而,汽车产业是我国当前非常重要的当值产业。但当前我国汽车市场上大部分份额被外国汽车品牌占领,这是极端不利于拉动我国经济增长和就业的,也是非常失策的。主权国家不能控制本国市场(中国的市场是最大的)为本国产业发展服务是不明智的。美国发起的贸易摩擦对中国经济虽是一次考验,但同时也可能是发展的契机,如果能借此建立和强大本国的支柱产业,将是推动我国经济持续增长的重要力量。其次"互联网+"相关的产业发展、新型高端服务业、5G 相关产业、高端智能制造、医疗保健等产业也都是重要的拉动经济增长的产业。此外,我们急需要建立"市场是发展的空间和禀赋"的概念,并建立相关的理论,以使我国所有对外技术引进单位与外部创新部门的合作谈判中有理有据地获得中国大市场应得的利润分成。

2. 坚定小幅稳步前进,努力实现内生创新可持续性增长。在经过满足基本生活需求的高增长阶段后,必然进入需求相对缓和的低增长阶段,即新常态。这从人们生活需求结构的角度来看,是非常清晰、非常容易理解的现象。正如美国的倒 V 形周期一样,本质上我国在解决温饱问题之后的经济增长也会降低到一个次级稳态的增长率水平上。不同于美国的是,我们的高增长期只有 30 年,相比美国较为短暂。如前所述是因为我们当前的基础制造等产业面临的总体市场远远不如欧美经济工业化初期时那样广阔所致,而每一个产业的生命周期都是与其可得的市场规模大小紧密联系的。因此,实现可持续增长的制度安排极端重要。决定长期可持续增长的关键在于横向创新的不断发展,而其基础在于知识的承传和可持续稳健的发展,因而建立科学规范的知识承传产业体系(包括学前教育、基础教育和高端教育等相关产业发展的规范及配套支持体系)是进入后工业化阶段必须要解决好的首要问题。这样的体系本身是高效能的产业,同时是具有高度正向外部性的部门,需要社会内生力量和国家公共资本的共同投资,该产业体系的发展层次会在很大程度上决定长期可持续发展的均衡增长率。

3. 长期补贴已饱和的基本生活需求类产业,至少维持其在饱和期的基本产能。大国经济在发展过程中要始终确保自身的全面供给能力,越是基础的生活物质需求越是刚性,越需要确保其供给。虽然这些产业部门在达到饱和供给状态后不再有拉动增长的能力(也就意味着利润率会逐步降低甚至趋于零),其对社会私有资本而言不再有魅力,但一方面饱和不意味着这些部门的需求趋于零,而是还会维持相当的需求,同时也是吸收就业的重要渠道,另一方面这是保证国家安全、稳定发展的重要前提。因此,这些产业需要公有资本承担起零利润运转职能,保有这些产业的存在、产能的保证、稳定这些领域的就业,这也是促进和保有社会公平的重要手段。吸取美国制造业空心化在本次疫情过程中的尴尬局面的教训,发挥我国社会主义公有资本的优势是避免饱和产业缺失的重要保证。

4. 发挥大国经济的引领示范作用是成功的关键,走价值体系长期稳定的可持续发展之路。从发达经济所造成全球经济的"负向旋涡"中突围是我国当前面临的重要问题。我国经济体量、市场规模、发展阶段等条件均具备独立发展内生可持续之路的基本要求,同时我国具有制度优势。我国经济的稳健可持续发展具有重要的示范作用,能够起到引导作用。当前新一轮改革驱动发展的长周期战略,必将成为供给侧重要的红利源泉。但如何有效确保需求侧的持续发展是一个重要课题。没有需求的有效性和可持续性保证,单纯重视供给侧的发展,无论多么努力最终都不可避免走上欧美的发展之路——失败之路。保持长期内生可持续的有效需求动力,一个重要的方面是需要确保各部门资源配置保持协调合理,为此需要保持价值体系稳定。所有的短期波动管理的政策如不能坚守维护和围绕长期可持续发展的目标展开都将是短视的,将导致失衡。因而,所有的短期宏观政策管理体系的规范都应严格地遵守价值体系长期稳定这个基本准则。

价值体系稳定应当成为金融体系和货币政策体系的不变目标,也只有保持长期稳定的价值体系才能激励储蓄资金稳定地流向长期项目,也只有稳定的长期价值体系才能激励社会劳动创造的激情。

第 五 章

需求约束、货币政策体系与经济增长

—— 有限需求假设下经济增长"负向螺旋"形成机制

2020 年春季最引人注目的经济新闻莫过于纽约证券交易所 5 月交货的轻质原油(West Texas Intermediate, WTI)期货价格收于 -37.63 美元/每桶,各大媒体惊呼"活久见""历史首次""送油还给钱",这的确颠覆了人们的传统思维,也必将成为经济学教科书中又一经典案例。为什么会出现如此罕见的颠覆常识的现实?背后的原因是罕见的新冠肺炎疫情的大范围暴发引起全球性经济活动暂停,导致能源需求的急速下降,短期内呈现严重的供大于求的局面,库存严重超负荷。实际上,本次疫情并不仅仅引起了"原油价格跌到负值"这样的历史上首次发生的事件,还罕见地发生了"美股 10 天内 4 次熔断,欧美主要股指跌幅一致超过 30%"这样史无前例的事件。如此超越大萧条和 2008 年金融危机的罕见事件为什么会发生?这些事件背后所呈现的本质和内在机制是什么?

一个自然的科学问题是：在后现代金融化、信息化、智能化和全球一体化的大背景下，金融和货币政策因素到底如何影响长期经济增长？有多大程度的正效应？又有多大程度的深远的负效应？这是本章想要进行重点讨论的问题。

后现代的含义是，经过近300年的工业化和现代化发展，人类文明程度取得了空前发展（无论是武器方面的技术，还是增进人类共同福利的科技进步方面的技术），人类总体生活水平大幅度提升的同时，国家间的关系客观上存在全球化合作的需求，主观上也存在显著的斗争暗流。

承接第四章的讨论（本章本质上是第四章的深化讨论），很多发达经济的人们已经度过物质紧缺的时代，而进入大多数物质供给处于供过于求的状态，这是后现代发达经济中具有典型意义的特征。这种总体性的特征决定了发达经济为主引导的全球经济总体的发展趋势——长期增长动力持续衰减的过程。西方发达经济近30年的总体增长衰减的趋势是清晰的，我们在第四章也初步讨论了这种趋势的机制，包括美国典型的120年工业化过程中前后60年形成的倒V形特征的简单分析。我们主要用需求有限性为主线给出相对粗糙的说明，当然我们的确认为需求的因素是潜在的但主要的。但很显然，我们需要更加仔细地考虑机制和成因的更多的细节。

除了前面讨论到的需求有限性的影响外，信息化、全球一体化和金融化会产生怎样的影响呢？信息化和互联网技术的发展，一个直接也是最显著的影响是金融资本流动的快捷和便利，形象的描述是说现在的资本在瞬间可以在地球上转几圈。这首先意味着任何可能的套利机会会瞬间被阻击消失。这本应是金融市场更有效的充分性条件，但实际上却未必如此。另一方面的原因是，伴随着信息技术的发展，资本的集团化、基金聚集化等行为和技术条件也在快速发展，传统的高度分散的市场性质已经被新形态替代，聚集后异常庞大的资本集合体们不断寻找可以具有绝对垄断权的分离市场，进行垄断操控以获取远远超越正常生产性经营所能获取的超额垄断利润。互联网上每天进行着难以估量的几乎无法追踪和监管的擦边式或直接非法的交易。许多新型软件和工具与互联网的结合可以衍生出难以想象的套路，有些甚至是公开透明的依赖互联网世界市场权的垄断进行的完全不被禁止的活动，但这些超级资本自己也不明白它们所做的事情究竟有没有非法的成分。法国和印度等一些国家开始提出收入数字税，并不被大多数人理解，美国是坚决反对的，这是一个非常值得重视的问题。这里涉及"市场权"这个概念，我们将在本章讨论。

除了信息化带来的新型"市场权问题"之外，信息化技术与金融化趋势的相互作用是现代经济的一个显著特征。一方面是各种形式的金融产品的创新使得信贷问题变得异常复杂，金融工具和金融产品的创新以及其相互嵌套的结果，即便是金融精英们也很难算清实际的风险和收益，一般投资者更加无法准确判断一个金融产品项目的真实价值。因而，信息技术的发展不一定使得大众更加了解真实的项目的价值，反而可能只是方便了背后的设计者有机会通过互联网以更低的成本、更快的速度在更广阔的市场上"蒙骗"更多的人。另一方面是金融市场本身在信息化和全球一体化下，金融资本的快速移动性造成了金融市场本身的周期性、波动性变得比以往任何时候都更加剧烈。

综合起来,金融化趋势影响实体经济发展的机制在有限需求假设下的规律是独特而令人兴奋的:有限需求的约束性构成制约经济增长的刚性限制;现代金融系统的复杂性构成其自身的高度脆弱性;过度的短期波动性成为引致长期经济增长下降的又一机制。

这些问题本身不仅制约经济增长理论的发展,也限制了对现代经济增长现象的阐释,因而毫不夸张地说这是当前宏观经济学理论中最重要最急需解决的问题。近年来全球经济增长乏力,发达经济集体出现增长动力衰减的势头,作为发展中经济龙头的中国近十年增速也持续下降。而本次新冠肺炎疫情的冲击,成为叠加性的负向冲击,大概率会引致大级别的萧条。在这种情况下,更加迫切需要理论的创新和进步。所以,本章进行探索性的讨论,寄希望于抛砖引玉,引发对这些问题广泛的思考和进一步的研究。本章第一节探讨市场权的概念,并探讨市场权、信息化和垄断之间的关系;第二节讨论金融体系的发展、问题及与增长之间的内在"螺旋式"关联机制;第三节结合我国当前国内外局面,探索分析最优的发展方针和政策取向。

第一节　市场权、信息化与垄断

在需求导向下思考长期发展问题,与在传统的供给主导发展的逻辑思想下思考有很大不同。在供给侧处于决定性地位的经济发展阶段,由于资源稀缺前提和产出水平相对不足,商品需求处于供不应求状态,人们不会去考虑和在意商品的供给来源。因为主观上人们是欢迎各种供给者的。在这种情形下给产品的供给建立约束是不符合人们意愿和发展需求的。但是在商品总体供过于求的阶段,即需求占主导地位的经济发展阶段,假如对任何商品的总需求是持续上升,甚至是无限的,则供给即便微微高于需求,也基本上不存在显著地约束供给的必要,略微的供大于求完全可以由市场自行调节,使消费者可以获得一定的价格优惠和实际福利。然而,现实的情形是人们对大多数商品的需求不是无限的或持续增长的,而往往是绝对有限的,即存在绝对的上限水平,这方面的认识在前面的章节中已有充分的讨论。在需求有限的情形下,商品的供给到达一定的水平后,一些国家或地区对该商品的需求就达到饱和,形成产能过剩,过剩的产能就会供给其他非饱和的经济,这样随着逐步饱和的经济或地区的不断增加,越来越多的地区都出现了饱和的现象,于是开始形成供给企业之间的相对严酷的竞争,尽可能占有更多的市场份额以维持其既定产能所包含的资本和要素能够获得延续性收益(沉滞的资本继续生产就能够获得更多的资本收益,熟练的工人就能够获得更多的就业)。在这种情形下,需求端的市场成为稀缺性资源。占有的市场越大,能够养活的人口和提供的就业就越多。在封闭经济情形下,某种商品的需求市场的规模决定了该商品的供给量,进而决定了该商品行业的总就业。由于大多数传统商品往往是人们日常生活的必需品,一方面需求是有限的,另一方面需求又有刚性,因此这些商品的供给既不能没有,也不能太多。这就决定了社会对于大多数通常的基本生活型商品的供给基本上是稳定的。由此,我们很容易理解,决定人们生存性基本商品类的总需求,进而其总供给都几乎无差异地取决于市场总需求规模。这样的认识很容易让我们理解,市场需求是如此重要。在短暂排除创新型产品的产生和影响的情形下,市场的使用权、归属权和发展权等都几乎完全决定了人们是否有机会服务于这些需求,是否能够有机会通过这些需求获得收入、获得创新,甚至获得生存的权力。

一、市场权的性质

　　一般传统的概念中,市场本质上是交易的场所,如股票交易市场、期货交易所,也如一般的农贸市场、菜市场等,这些仅仅是指人们设定的用于交易商品的固定场所。这种交易性质的场所并非本书所特指的"市场",我们所要特指的市场是指刻画实际总体需求的分散家庭的集成,比如某个包含特定人口的区域,某县、市、省、国家等,就自然构成一个需求市场。比如,在考虑某县对于电视机的需求市场的时候,需要详细核算该县所包含的总人口或总家户数,然后按照一般平均家户正常应当拥有的电视机数,就可以估算该县电视机达到饱和状态所需要的总量。如果当前外部的电视机总供给是非常丰富的(即处于供过于求的阶段),该县实际上可以通过拥有的市场权来为本县的人民谋利,并为本县的长远发展进行规划。如果该县遵守自由市场理念下的规则,则本县的全部市场就应当毫无约束地敞开奉献给外部具有先发优势的企业,则该县的需求市场就会成为拉动外部经济和就业的潜在和持续的市场源,但对本县的经济发展和就业毫无贡献。但反过来,如果该县规定所有到该县销售电视机的企业必须获得该县的销售权(即该县的市场权),而这样的权力是需要付费的,或者必须考虑按照该县的市场规模核定一定量的就业指标等,这些办法都能够促进该县的发展和提升收入。当然该县也可以鼓励本县域内的电视机生产商获取自己的市场权,这样需要考虑的是县域规模的需求市场是否应当建立一个电视机企业,能否支撑以及能否长期可持续发展,对此这里不具体展开。这里我们想说明的仅仅是市场权的含义。我们想说明市场权是区域内人们共同拥有的资源,是应由区域内人们分散的需求共同构成而又共享的权力。市场权应由人民的共同代表——区域政府——代表全体人民管理,最大限度服务于全体人民的利益。

二、市场权主张的意义

声索市场权力与西方经济体系宣扬的自由市场主义存在矛盾。近现代西方经济率先走向工业化、现代化、知识技术化发展之路,建立并推动全球一体化,提倡自由市场主义,目标就是服务于其占领全球工业产品市场,为其工业化发展建立最广阔的市场源。当全球欠发达经济特别是东方大国经济的市场全部被西方工业经济占领的时候,全球一体化得到宣扬和发展,成为时代发展的常规选项和趋势方向。在全球总体供给严重不足的阶段,一体化发展符合总体意愿。但随着全球工业化水平的不断提升,随着落后国家人民逐渐追求高质量生活的愿望越来越强烈,西方先发经济意识到竞争的压力,感觉到往日一家独大、天下通吃的美好局面不再,便发起逆全球化趋势,便退群耍赖,便发起贸易战、经济战、科技战。可见,以前所提倡的自由贸易、平等、规则等,都是愚人的把戏,都是欺骗的手段。在此背景下,如果不能从理论上、思想上和实践中透彻、深刻地揭示市场的真实价值和人民权力的逻辑基础,就不能真正理解自由市场主义,也就不能真正保有后发经济应有的发展和生存的权力,必须要确立任何国家和地区人民自己本来就拥有但未声索的权力的理论基础。市场权理论的建立意义重大。

三、市场权的应用

市场权逻辑的思想基础是清晰的,涉及发展权的公平性,法理自生,光明正大。市场权的缺失,本质上是容忍外部的经济侵略和霸占,因而,任何国家或地区应当合理合规地声索其权力。实际上,虽然关于市场权的理论一直缺失,但在实际国际贸易中,针对贸易品收取特别税的行为并不鲜见。美国是应用贸易大棒最多的国家,却强求别国给予其贸易自由。本身是因为市场权理论的缺失,给予美国依仗强权索取不对称"贸易优势"[见斯托克(Stokey,1988)中关于贸易优势的讨论]的空间,美国的历史上有太多贸易欺压的案例。只有建立系统成熟且被广泛认知和接受的市场权理论,才有可能建立公平的贸易对等的原则,才能还弱国和落后国家公平的市场权,市场权就是生存权。

在资本主义经济中,市场权完全被垄断资本占有,无产阶级本应拥有的市场权,即其生存权被无偿占有,致使无产阶级的最后的权力连同自己的躯体一起"赠送"给了资本。为什么是赠送呢?因为无产阶级毫无办法"自愿"地放弃了这一切。因为在自由主义和私有财产权至高无上的法度中,规定了这样的权力的自然丧失。在自由市场经济的逻辑下,购买的权力、选择的权力弱小到了"零"的状态。人们完全被

"无形的手"驱使着,完成服务资本的使命。

在社会主义经济中,占主体地位的公有资本的目标与最大多数的人民的利益是一致的(而在资本主义经济中,资本的目标是和少数人利益一致)。市场权归属于全体人民,市场的使用权可以由政府代替人民授权给符合人民利益的企业使用。这也是社会主义制度优越性的又一体现(本质上是生存权的一部分,社会主义经济中,人们享有平等的生存权)。公有资本或全民所有的企业应当可以自然获得社会主义经济任何区域的市场权。如果私有资本获得任何区域的市场使用权,都应当付出相应的费用才是合理的。外国资本或企业进入我国市场应当支付额外的市场使用费,而且市场的使用一般应在每一个不太长的阶段进行一次续约或终止约定。

在市场权逻辑思想下,市场是有限的,是有稀缺属性的。而市场又是重要的、必要的。因而,市场权才应当受到尊重、重视和合理利用,也正如资源的开发利用应当受到管控和保护一样。市场看起来好像和看得见的煤炭或石油资源不同,但其本质却是同等的重要,有几乎类似的性质。对于市场的一般化利用和定价应当有一个专门的应用性学科去开展研究,在此我们不做展开。但需要举例说明市场权开发利用的必要性和意义。

比较我国改革开放过程中高铁产业和汽车产业的发展。高铁在引进过程中直接买断了技术,然后使其成为自己的产业,利用自己的市场,使其为本国经济的发展获得了利润,增加了就业,积累了资本,并逐步进入技术内生性改进、升级的进程,基本达到了内生可持续发展的道路(即成为本国稳定的能够自新的产业),并在国际上达到先进水平,占领一定国际份额。即便该产业达到全球饱和的时候,因本国国内巨大的市场持续性更新需求(本国存在巨大的持续性维护更新的需求),也需要持续的稳定水平的产能保证。假如该产业始终依赖进口和外部企业供给,或者最初就是依赖全球性竞争企业获得,则本国的高铁产业很难获得足够的市场和稳定的发展,不可能达到今天的局面。但对于小国经济而言,像高铁这样的项目并不都适合国产化,更经济合理的办法应当是走合作开发之路。反观汽车产业的发展之路,中国的汽车需求市场可谓全球最大,但最初产业进入缺乏合理的规制和全盘的谋划,完全按照市场化办法,千军万马一并杀入,结果是外国优质汽车品牌几乎占领了全部的中国汽车市场,而且,分散的用户完全缺乏对外部企业产品的议价和干预能力。在国外非常低价的汽车在中国却要卖几倍的高价,致使中国逐渐成长起来的汽车需求市场被迅速"滥用",几乎未能为本国汽车产业发展留下多少发展空间,也未能形成对国家经济的阶段发展起到本应起到的作用(就业和利润被外部经济享用)。本来,汽车应当成为一般家电产业(彩电、冰箱、空调等)之后最大的贡献国家经济发展的产业(因为平均家庭配置中除了住房之外,汽车是最大的支出项目)。因而,汽车产业的无序、无约束式发展是完全丧失主权的行为,是发展机会和权力的丧失,是极大的遗憾。假如反过来,一开始就采取类似高铁的技术买断方式,加上民族汽车品牌的支持发展计划,则虽然国人今天还不可能拥有这么多的汽车,也许我们的汽车至今也没有那么优秀,但整体的汽车需求市场至少可以拉动中国经济至少多高速增长 20 年以上。然而,我们遗憾而轻易地错失了本可以有的至少 20 年的持续高增长的机会。

其实,任何一个新产业对大国经济而言,都应当是一次好的发展机会,但一定要善加利用。其目标应当是使该产业在我国这样的大市场总需求的培育下逐渐成长为本国具有可持续生长能力的产业,并逐渐稳定为足以支撑总体饱和水平下的持续性需求的产出能力。按照这样的逻辑,大国经济会逐步形成一个个完整、成熟、可持续的产业体系,并综合成为整体完备的制造业体系。这是大国经济长期可持续发展的需要,也是在复杂国际攻治环境下生存的需要,更是社会主义初级阶段特色中国经济内生可持续发展的需要,因为在这一阶段我们尤其需要预防资本主义经济阵营整体的围堵和封锁,因而,尤其需要完备的健全的可持续的发展体系。

四、信息化时代市场权的"被垄断"

互联网信息技术的发展,迅速创造了许多新时代的信息工具,这些技术工具与资本的结合形成了对人们市场权的无形剥夺和侵犯。在没有现代互联网技术的情形下,区域内需求市场易于统一管理,便于声索市场权。但在互联网技术的辅助下,线上交易打破了传统的区域概念,形成全球一体的互联网江湖。这一技术的发展如此迅猛,已经几乎垄断、监控和诱导了我们生活需求的方方面面。从选择的引导(诱导),到快递运输,再到支付等一条龙服务,我们的生活好像已经离不开手机和网络,我们的偏好、时间和工作好像都被它掌握。归根到底,数字化已经成为我们时代的霸主。在这样的背景下,需求被线上平台左右,线下实体经济被大量挤出。一个简单的案例是,打车如果不用打车需求软件,就很难打到车,这说明连打车这样简单的事情也已经被垄断。在这种情况下,大多数商品的市场权完全被破坏,完全被互联网所破坏、剥夺和垄断。因而,法国和印度等国提出的收取数字税的法理基础实质上是市场权。因而,只有在充分认知市场权理论的基础上,才能说清楚在数字经济时代,人们无形中失去了什么,又得到了什么。

我国在数字技术和大数据技术发展过程中,单方面注重供给侧的发展,和大多数经济一样缺乏需求端的管理意识,缺乏对市场权理念的认知。这在生产力水平总体落后的发展初期,问题不大,但随着大多数基本生活类商品的需求逐步进入饱和阶段,市场资源的重要性和加强管理的必要性日益提升。其中数字化发展造成的大量的就业和实体挤出看似是市场经济发展的自然结果,表面上是技术替代的原罪,实质上是对市场权理念认知和管控的缺失。互联网+物联网同样应受到市场权的管理和约束,应当支付相应的贴水。

五、市场权理论缺失的深远影响

市场权理论根植于有限需求理论。传统的宏观经济理论,特别是传统宏观经济长期增长理论方面的方法和思想体系,缺乏对需求侧重要性的深刻认知和重视,也因此缺乏对于市场权思想的充分认知和相关理论的发展。市场权的认知缺失会有多大和怎样的影响呢?在工业革命初期,工业产品的供给尚低,而需求市场极大,因而市场对于工业发展而言不是稀缺的,所以市场权的缺失在工业化初期阶段没有什么影响。但后工业化阶段,特别是全球化、信息化、金融化大发展阶段,全球总体工业化水平已经较高,基本生活类型的工业化产品总体供过于求,相对应的需求市场普遍饱和,此时需求市场资源成为稀缺资源。其根本的稀缺性价值在于各国都需要充足的市场来支撑本国对应的产业产能的保有和存在,内在的原理仍然是(基于有限需求和刚性需求理论)"既不能没有,也不需要很多"。这类产业一方面利润不高(完全竞争性状态),另一方面又必须保有产能,因而保有尽可能多一点的市场份额,就意味着可以有高一点的利润。因而,市场的稀缺性价值是显而易见的。

在全球一体化的经济体系中(在网络信息化辅助下效应更强),竞争中的经济如果处于技术弱势地位,市场权的缺失将直接等同于丧失其全部市场阵地。而处于技术强势地位或者成本低价优势地位的经济则可以占领更多的市场份额。如此会形成强者愈强、垄断全局的局面。一旦绝对垄断局面形成,则超额垄断利润对强者形成极大补偿,但对丧失了该产业的经济则形成极大损失,甚至形成"卡脖子"现象(比如美国针对外国实行非公平市场竞争的高端技术封锁行为)。这种情形最终导致的是如美国这样的霸权主义的形成,简单说就是"小处无约束,终成大祸害"。这是从全球经济国际化角度来看会形成的结果。

从单一的国家个体内部的产业发展来说,市场无约束、无规制地发展,也会造成极大的负效应。举例来说,一个新生的产业的发生。Case1:假定在一个封闭的经济中,如果市场完全无约束,则该产业的上升前景的吸引,会有足够多的企业申请进入,假定该产业产品总市场需求规模为 100(根据需求有限性理论),如果同时进入了 50 家企业,设每家企业每年产能为 1,则两年内市场即实现饱和。因为两年的时间太短,没有一家企业能实现盈利,也谈不上实现持续性的技术改进升级能力。结果可能是 50 家企业全部倒闭。最终,该国丧失该产业在国际、国内的竞争力和市场地盘。这个例子虽然过于绝对,但道理是清晰的。Case2:同样在封闭经济中,假定有市场权约束,政府规定首批允许进入的企业数不超过 10 家(仅考虑本国企业,封闭经济),此后每年淘汰综合经营最差的 1—2 家(可以是品质或信誉或业绩等最差,也可以是吸收就业的能力等),并允许新进 1—2 家。如此,市场至少有 10 年以上的饱和期(德国企业平均生命期在 12.5 年以上,美国和日本企业在 8 年以上,中国企业仅 3.5 年),那么可能能够有 10 家以上不被淘汰的企业不但可以实现盈利,而且可以形成研发团队,实现技术可持续性升级,进而逐步占领更多的国内外市场份额。这样有几个代表性的企业可以逐步稳定下来,成为该产业的稳定可自养自新的供给者。这些企业也会成为本国行业的知名代表性企业(这样的代表性企业的数量总和将构成一国真实的竞争实力)。

上面两种情形清晰地说明,市场权的重要性。长期经济增长的实现依赖于所有传统产业的稳健发展(稳就业、稳需求、稳供给)和所有新生行业的可持续自生能力的培育和强健(稳增长、稳投资、稳创新)。而这些都归根到底依赖于市场权的确立、认知和合理实施。

本节主要讨论了市场权影响的微观机制,包含了其在信息化技术发展之下的影响。我们接下来将讨论这些微观机制在金融化趋势下的宏观效应。

第二节　金融化趋势、危机策略与增长关联机制

近 20 年来在"金融繁荣"的导向下,国际经济中金融因素已经成为经济波动的第一扰动源,金融冲击、金融摩擦等成为经济波动的主要诱因。在这样的环境中,以美国为主的国际经济出现"投机过度伴随着实体经济日益衰落"的现象;而金融市场中复杂的衍生产品的最终标的资产都是基于实体经济,因此实体经济的持续衰弱又造成金融产品最终标的资产价值的下降,进而加剧系统性风险,波动日趋频繁;而为应对金融经济波动和危机出台的货币政策逐渐形成低利率的趋势特征;利率的负向扭曲又进一步恶化长期经济增长动力形成的基础。如此形成多因素循环向下的"螺旋式"萧条路径:即金融危机、货币政策体系与长期经济增长三者之间相互影响、互为递进,形成"负向下沉螺旋"。该机制包括三个逻辑环节:(1)长期或中长期的(向下)有偏的货币政策存在显著的对长期经济增长的负向效应;(2)长期经济增长的持续衰减是金融危机的基础原因;(3)应对危机的政策手段存在向下有偏的依赖性和惯性。下面分别分析这三个过程的逻辑。

一、持续负向有偏的货币政策的长期经济增长效应

近年来,零利率和负利率现象正成为一种趋势,由此造成利率显著地向下偏离均衡利率水平,而且这种负向偏离的趋势表现出相当时期

的持续性。这种持续的负向有偏的政策将产生怎样的短期效应和长期影响是当前全球主要经济体都需要思考和面对的一个重要课题。

全球超低利率甚至负利率的现象引起了业界和学界的广泛兴趣和重视。中国社会科学院学部委员、国家金融与发展实验室理事长李扬教授在 2020 年 1 月的讲座中指出："我们提出了一个'世纪之问'：负利率究竟是一个短期现象，还是金融领域的'新常态'？如果是后者，举凡金融的功能、金融与实体经济的关系、金融的发展方向等问题，都需要重新审视。我自己倾向于后者。这意味着，我们面临着改写整个金融学说的历史机遇。"①此次全球大范围的负利率持续的时间即使从 2014 年算起也有 6 年了，而对长期负利率的研究却并没有多少进展。根本原因是传统的宏观经济理论倾向于货币长期呈中性的认识，因而缺乏深入系统的货币政策对长期经济增长效应的探讨。但近年来这种认识正在发生改变，已有充分的证据让越来越多的学者认识到，货币政策确实会对长期经济发展趋势产生影响。

支持负利率有效的研究，认为低利率使风险资产比安全资产更具吸引力，从而促使市场中的基金投资者将其投资组合从货币市场转移到风险较高的股票市场，这意味着零利率与负利率政策可以鼓励投资者放弃持有安全的政府债券转而投资风险更高的资产，有利于促进市场投资［豪、莱（Hau，Lai），2016；布贝克尔等（Boubaker，et al.），2017］。

但多数研究认为负利率在短期为正效应或弱正效应，而长期为负效应。如皮特·普雷特（Peter Praet，2017）认为欧元区实施的超低利

---

① 李扬：《全球债务浪潮汹汹，风险管理面临新挑战》，2020 年 2 月 5 日，见 ht-tps://www.sohu.com/a/370858235_188245。

率的货币政策效果显著,目前银行贷款利率的下降使家庭和企业的贷款增速明显好转,居民消费开始复苏;但他同时也指出货币政策可以将产出带回其潜在水平,但不能持久地提高长期增长,这需要在结构和体制改革方面取得进一步的进展。塞比罗格鲁、昂格尔(Cebiroglu,Unger,2017)指出负利率政策可通过控制债务通缩来有效地减缓衰退现象和解决债务危机。本田裕佐(Yuzo Honda,2017)认为日本央行于2016年推出的负利率政策有效地刺激了私人住宅投资,同时还可能比较有效地阻止日元升值。但同样使用日本数据,吉野(Yoshino,2017)则认为由于日本的投资曲线是垂直的,因此负利率政策并不能解决长期货币紧缩问题。Netzén Örn(2017)使用欧元区的数据,认为负利率会促使家庭更多的负债,反而不利于消费。对房地产市场也是如此,多米尼克·斯特鲁卡尔(Dominik Stroukal,2016)指出低利率会加大房产泡沫,会阻碍货币政策的传导。约布斯特、林(Jobst,Lin,2016)认为在零利率与负利率政策的背景下,削减政策利率并不能刺激经济。卡洛斯·阿特塔等(Carlos Arteta,et al.,2016)认为长时期的负利率政策会降低银行和其他金融中级机构的盈利能力,会危害到金融稳定。

还有些学者认为零利率与负利率的效果依赖于传导渠道[阿农(Hannoun),2015]。Hannoun(2015)认为超低利率的货币政策效果取决于信贷渠道、通货再膨胀渠道、汇率渠道、资产组合调整和风险承担渠道,以及资产估值渠道的此消彼长,但这些渠道的有效性存在非常大的不确定性。奥尔西尔盖(Aurissergues,2016)发现长期低利率可通过企业净值渠道和预防渠道影响企业投资,这两个渠道在实际利率下降时对投资的影响方向相反,因此无法确定降低实际利率能否有效促进企业投资。格里塞(Grisse,2016)认为负利率政策的有效性取决于市场参与者是否向下调整他们对长期利率下限位置的预期,若政策利率远离该下限,常规政策对长期利率的传导效果将会有所提升。

综合来看专门针对负利率长期效应的研究还非常缺乏。陈昆亭等(2015)可能是为数不多的这方面的专门研究。文章建立了 DSGE 周期模型,引入异质偏好、利率分类,分别考察各类利率偏差的形成机制和周期波动性影响,研究利率扭曲冲击对宏观经济的影响。模型预测:(1)实际储蓄利率的负向冲击,只在很短的时间内以很有限的幅度引致经济增长,接着形成远超过增长幅度的大幅度萧条,并导致一般工薪家庭社会平均消费比例下降,企业家家庭平均消费水平上升;(2)金融市场摩擦(存贷款利差)冲击影响经济稳态解,因而影响中长期经济发展趋势。实验表明金融部门的 1 个单位需求中,81%来自对投资的挤出,18%来自对一般工人家庭消费的挤出,1%来自对企业家部门消费的挤出。因而,金融摩擦对收入分配和长期经济增长都有影响。综合来看,持续的利率扭曲是形成阶层之间收入差距扩大的重要原因;长期持续的利率扭曲通过收入分配的长期扭曲,导致财富积累差距悬殊,从而影响长期经济增长的潜在动力;利率扭曲对长期经济的影响来源于直接的对投资的挤出和间接的收入分配两种途径。

贝朗吉亚、彼得(Belongia,Peter,2018)的研究证实了货币的长期效应的存在。他们对货币规则的改进也包括了对于货币量的计量方法的改进,他们拒绝传统的基于 MZM(零期限货币)的简单加总(非加权),代之以修订的币基,只包括现金和所需准备金。他们的实证工作使用一个单侧 Hodrick-Prescott 滤波器预测趋势速度,以便使用实时数据进行预测。他们预设了一种政策规则:货币供应量被调整以抵消预测的经济增长速度的变化。研究发现,在追溯到 1967 年的数据集中,货币与经济展现出显著的长期相关性,这与威廉·巴内特的说法是一致的,即在 20 世纪 80 年代大多被认定的货币需求的不稳定性是由于研究人员使用了有缺陷的货币总量。更重要的是,他们发现这种长期关联实际上在 2000—2015 年期间更强,尽管人们普遍认为"流动性陷阱"削弱了货币与经济之间的联系。同时他们的调查结果也支持弗里德曼(Friedman)的判断(政策变化滞后于实际)及更一般化的卢卡斯批判。

赫策尔(Hetzel,2008)对比货币主义者和凯恩斯主义者对央行角色的看法来进行分析:凯恩斯主义者认为市场经济本质上是不稳定的,美联储可以用反周期政策来改进产出。货币主义者认为,除非受到扰乱价格体系运行的货币政策冲击的干扰,否则市场经济的运行是可以良性自洽的。他认为,在沃尔克与格林斯潘时代,美联储找到了如何作出可信的承诺,以保持低通胀和稳定,并使产出接近潜在水平。他称这项政策为"依靠信誉之风",并认为,2008 年后美联储未能坚持这一政策,从而加深了衰退。

关于规则性货币政策体系的实践已经进行了几十年,但却问题不断:全球经济增长的动力持续衰减,经济金融危机也无法避免,为了应对危机还造成了大范围量化宽松及负利率趋势。这在欧美经济中表现更为突出,引起了人们更深层次的思考[塞尔吉纳、萨姆纳(Selgina,Sumner,2017)]。大萧条和次贷危机之后,都出现戏剧性和决定性的结局:抑制危机的手段又会引致新的更严重的不稳定性的爆发。当利率首先"被衰减"下来,当这些经济被管控直至通胀回归正常水平,然后继之而来的是宏观波动性大缓和(Great Moderation)。费根、洛西亚尼、麦克内里斯(Fagan, Lothiany, McNelisz, 2013)进行了数值模拟实验,结果指出:如果在金本位时期执行在大缓和时期使用过的泰勒规则政策,并不会得到更好的福利改进,产出和就业波动性也不会减少,反而会导致更差的利率和货币量波动。

类似的质疑[如莱德勒(Laidler),2016]认为,在不确定但相当长的时间内,被固定在正式的条例和规范之下的标准的规则,并不能与曲折的经济思想相协调,许多在今天的现实状态下看起来睿智而时髦的思想,在不久的将来就会过时。他认为,迫使央行遵循一些目前流行的货币规则只会"在未来制造错误,就像过去一样"。

同时扭曲的利率持续的存在,引致收入和财富分配的差距严重放大,这是另一个引致长期增长动力衰减的根因(陈昆亭等,2015)。此外,利率扭曲和银行系统的结构变化还导致了房地产和信贷泡沫。贷款标准遭到侵蚀,膨胀的房价成为美国不可持续的高消费融资的抵押品,价值体系崩溃,结果是美国家庭的储蓄率下降到接近于零(价格的扭曲是价值体系崩溃的表现)。美国消费增长的大部分资金来自不断增长的经常账户赤字,而不是实际的收入增长。这些都成为潜在的引致增长衰减的成因。

法国著名经济学家(世界银行前副行长)弗朗索瓦·布吉尼翁(Fransois Bourguignon)2019年在复旦大学报告"不平等、制度与发展"时指出:"美国和欧洲发达国家的量化宽松政策确实有助于降低利率,采取这些政策实质上是为了在金融危机后振兴经济并加速恢复,但效果并不理想。原因是,便宜的信贷本应增加投资,但因为经济体的需求低迷,投资并没有发挥作用。事实上,量化宽松后钱和信贷变得更加便宜,但我们的市场机会并不好,因此该政策对经济活动并没有,或者说在短时间内没有产生较大影响(比如美国)。但在欧洲,量化宽松对欧洲造成了打击,因为欧洲不幸地发生了另一场危机,即在希腊、葡萄牙和西班牙等国家发生的欧债危机,这也是欧洲多年来一直处于低迷状态的原因。在量化宽松的背景下,货币变得便宜,利率下降,金融资产价格以及房地产价格会上升。这意味着因为宽松的货币政策,富人(持有资产的人)的财富水平大大增加了。在过去十年中观察到的一个现象是,由于美国和欧洲中央银行推行的货币政策,财富不平等的程度大大增加了。从经济中实际观察到的情况非常复杂,但可以肯定的是,在许多国家财富不平等的大幅度增长对公众舆论也产生了巨大影响。"①

资源分配和收入差距可以通过许多渠道对经济效率和经济动能产生影响,并且影响幅度超过收入对它们的影响幅度。这一判断是正确的,但布吉尼翁下面的分析并不准确,他假设资本所有者的储蓄和投资比经济中的其他人更多,因而通过税收体系将他们的收入或财富进行再分配以缓解不平等现象,投资将会减少,从而降低经济增长。实际上,在有限需求假设下(陈昆亭、周炎,2020),结论恰恰相反,收入差距越大,社会有效总需求越低,从而,总体经济产出受到制约。因而,减少收入差距的措施有利于提升社会总的有效需求,推动经济增长。从实

①　弗朗索瓦·布吉尼翁:《不平等、制度与发展》,2020 年 2 月 12 日,见 ht-tps://m.sohu.com/a/372403426_736529。

际经济长期发展的观察结果来看显然更支持后者。

综合上述逻辑,可知负利率和量化宽松等持续性有偏的货币政策的长期效应是引致经济增长潜在动力的逐渐衰减。

二、长期经济增长的持续衰减是诱发金融危机的根本原因

为什么说长期经济增长衰减是危机的根本原因?在任何经济稳定持续增长的过程中,危机都不会发生。所有危机都是潜在的增长动能开始下降,达到明斯基时刻后开始的。危机的本质是增长动能的不足。实际上所有的金融衍生证券的最终标的就是增长。看起来复杂的金融工具通过各种衍生证券工具相互嵌套,但最终落实的基础标的归根到底都依赖于经济的增长。金融市场越是健全,相互的嵌套就会越封闭、越紧密,从而也更加深刻地依赖于基础标的的稳健性。因而增长基础的毁坏,才会使某个个体的崩溃成为压死骆驼的最后一根稻草。究其原因,缺乏长期稳定的体系,即缺乏对长期项目稳定的支持,就很难保证新产品类(即横向创新)的持续稳定出现,增长就会持续地衰减,进而成为形成危机的根本原因。这一逻辑在布伦纳迈尔(Brunnermeier,2009)中也有讨论。布伦纳迈尔(Brunnermeier,2013)提出美国次贷危机源于两个他认为极端重要的趋势性要素,即在美国次贷危机之前两个变化最终诱致了危机:(1)持续的低利率;(2)银行系统经历了一个深刻的结构性变化。其中第一条属于货币政策的内容,第二条属于银行金融部门结构性制度方面的变化,这两个的共同点是都将对中长期趋势产生影响。在传统的规则性货币政策中,利率会随着短期周期性

波动进行调整,但如果在持续时间较长的低利率传统模式下,发行银行持有贷款直到付清。转型后"产生即分配式"贷款是经过集成处理然后通过证券化转售。新证券的诞生促进了来自国外的大量资本流入,其中很大一部分资金是通过所谓的"影子银行"系统,这样的融资非常脆弱,因为它具有很高的短期属性(主要是短期融资)。这就形成了潜在的对于中长期项目稳定支撑的基础毁坏,这是损害长期经济增长的机制之一。

三、应对危机的政策手段存在负向有偏的依赖性和惯性

各国在危机发生后,首先想到和动用的救市工具往往是货币政策工具,这一方面与货币政策工具相比其他措施实施起来相对更容易,效果更直接、见效更快有关;另一方面是基于货币是中性的这一观点,也就是说货币政策对经济只有短期影响,而无长期效应,因此在实施货币政策过程中,只需考虑其短期对经济的刺激作用,而无需考虑其对长期经济增长的影响。2008 年金融危机后,欧美许多国家通过量化宽松和超低(甚至负)利率手段来刺激经济,但研究表明,长期持续的利率扭曲(实际利率向下偏离均衡利率)会通过造成收入分配的长期扭曲,从而导致财富积累差距悬殊,进而影响长期经济增长的潜在动力(陈昆亭等,2015)。而且从欧美的实践经验来看,这样的政策的有效性即便在短期来看也是非常值得商榷的。2008 年至今已经十多年,欧洲大多数国家的经济仍然在低位徘徊。美国同样采用宽松的货币政策,短期来看经济显著复苏。但从长期来看,宽松的政策导致资产价格泡沫,债

务杠杆上升,居民财富差距拉大,贸易保护主义盛行,为下一次金融危机埋下了隐患。

比较近百年来几次著名的经济金融危机,我们发现历次危机的导火索各不相同,比如,1929 年的大萧条始于股市崩盘,1997 年亚洲金融危机的导火索是泰国宣布汇率政策从固定汇率转为浮动汇率制,引起了索罗斯等国际金融大鳄在外汇市场上的疯狂做空,2008 年的国际金融危机源于美国次贷市场的崩溃,而 2020 年伊始的这场猝不及防的股市大崩溃以及可以预计的经济衰退甚至萧条,却是源于一次突如其来的新冠肺炎疫情,但透过这些繁杂的现象,我们发现危机背后的本质原因还是:(1)实体经济的衰退;(2)金融市场脆弱性的增加;(3)宽松的货币政策。我们观察到,实体经济的衰退是危机发生的最根本原因。经济衰退,各国政府出台宽松的货币政策进行刺激,导致信贷宽松,杠杆高企,增加了金融市场脆弱性,或许短期内经济在刺激下会呈现出一片虚假繁荣的景象,但任意一个微小的冲击都可能导致这种脆弱的繁荣的崩溃,经济再次衰退,政府进一步出台宽松的政策……,由此形成恶性循环,各类金融经济危机也层出不穷。

以 2008 年国际金融危机为例。此次危机发生前,美国经济出现下行。2000 年,美国科技泡沫破灭,然后 2001 年又遭受"9·11"恐怖袭击,经济遭遇了很大的压力,政府采取各种措施刺激经济,低息政策和宽松的信贷条件导致房地产市场泡沫,在金融衍生工具的不断创新刺激下,信贷链条越来越长,房地产信贷市场杠杆率高涨。次贷市场本身占美国整体信贷市场的份额非常小,但最终却演变成席卷全球、愈演愈烈的国际金融危机,其根源是宽松的货币政策、实体经济和虚拟经济的失衡等。因此,经济金融危机源于实体经济的下滑,但背后通常隐藏着宽松的货币政策的影子。

在以美国为代表的西方经济中,有偏的政策形成的本质原因是:在资本主义经济中,政策取向被资本利益集团左右而形成潜在的"有偏性",由此造成了政策的"有偏"的惯性和依赖性。在高度"金融化"的经济中,美国"向下的负向螺旋式"萧条不可避免,这种局面在现有资本主义经济体系下,单纯地依靠货币政策和财政政策手段是难以寻得出路(美国学界关于3.0版货币政策讨论已久,但至今仍莫衷一是)。

现在,全球经济又一次面临严峻挑战,全球央行也开启了新一轮宽松的货币政策,但在全球大范围的负利率背景下,货币政策还能有多大的空间? 是否还是有效的? 美国再次大规模的量化宽松,叠加中美贸易摩擦的影响,我国又该如何应对?

第三节　我国最优的发展方针和政策取向

美国经济萧条拖累全球经济陷入中长期滞胀"陷阱"。近年来美国经济在持续的萧条过程中,危机不断发生。为了转嫁危机的影响,美国利用美元的国际化地位,大行量化宽松政策,对全球财富进行掠夺。2008年的金融危机,美国利用"大而不能倒"的逻辑实施量化宽松政策扶持银行体系,结果是:作为美国银行业主要竞争对手的英、法、德的银行2019年的股价分别比2007年跌去76%、60%、90%;而美国的主要银行股价到2019年则分别长了3—4倍。欧洲经济也同样一蹶不振,而美国则借以实现了一段短暂的复苏。本次新冠肺炎疫情的大流行大概率会诱发美国经济再次陷入深度萧条。在此背景下,我国应如何吸取经验教训,采取有力措施防止我国经济再次被美国拖累是当前乃至以后相当长时间内都极端重要的问题。为此我们提出如下两方面建议:

一、非常规货币政策带来的不平等加剧是引致长期经济萧条的基础诱因,规避货币政策过于短视的一种选择是:坚持价值体系长期稳定的规则性政策

当前,如何引领发展中经济从美国造成的全球经济"负向增长旋涡"中突围是我国面临的紧迫问题。通过分析总结美国经济负向螺旋形成的内在机理,我们认识到在资本主义私有制经济中,在金融资本集团统治下(制造业资本已经沦为金融资本的打工者),政策的制定首先是以资本集团的利益为主,因此政策体系存在长期负向有偏的潜在必然性。这种政策取向会引致结构性失衡、不平等加剧,成为引致长期经济萧条的基础诱因。而应对危机的非常规的货币政策又成为进一步恶化这种局面的推手。在我国社会主义公有制为主体的经济体系中,社会主义公共资本占社会财富的主体部分,其基本职能是服务于全体人民,因此主观上政策制定不存在向下有偏的倾向。因此我国的社会主义体制具有抑制有偏政策的制度优势。但合理制定政策仍需要政策制定部门能够正确认识到避免短视和有偏性是政策制定的基本要求,并能够坚定地遵守基本的原则。那么应该遵守什么样的原则呢?我们认为一个基本的原则就是保持长期价值体系的稳定。

为什么要坚持价值体系稳定呢？

1."长期透明价值稳定一致的"政策规则是长期政策可预期的充分必要条件。可预期的政策规则是确保经济各部门(供给、需求、金融中介、下级政府等)理性科学决策有效的必要条件,是应对各种重大疫情灾难冲击的最优手段。宏观经济总体的有效性是建立在各个微观个体、各个基础单位、各个部门的决策行为有效的基础之上的,宏观经济管理的最高目标也应是确保个体和总体的有效性。随机的政策变化和不可预期的规则下的政策行为,其本身就是一种扰动源,只能加大经济的不稳定,只能扭曲资源配置的有效性,最终恶化经济政策的信誉,造成经济总体运行效率的巨大损失。而确保可预期性从社会管理层面是抑制恐慌情绪的最佳途径。从经济金融秩序管理角度同样被专家学者突出强调为最重要手段。

2. 长期稳定的规则性货币政策是确保长期投资信心的要求。家庭和个人的发展需要稳定可信的环境,国家发展同样需要长期的社会稳定,以保证投资的"恒心、信心和决心"。大国经济的发展尤其需要更多更长期的投资,源源不断地推动社会经济持续进步。没有长期有效稳定的规则性政策来保证长期投资项目的稳定利益,无论国有企业或民营企业都不可能保证投资的持续性,好的资本会流失,好的项目会流标,好的前景会葬送。

二、稳定价值体系,鼓励长期投资,实现经济可持续增长

支持长期项目投资的能力决定了一个经济是否能实现长期可持续

增长。长期投资项目是实现长期可持续增长的关键。因而,任何经济要实现长期可持续增长必须要解决对长期项目的稳定持续的金融支持。以美国为代表的西方金融体系发展越来越复杂,看似越来越完善,实际上越来越不能够承担稳定地支撑长期项目的重任,金融体系内在的脆弱性特征已经成为诱发全球金融经济体系风险和危机的潜在根源,进而成为制约长期增长的重要因素。

首先,为什么对长期项目投资的支撑如此重要呢? 1. 基础理论的重大突破是引领长期可持续增长的关键力量,重大基础性创新理论的突破严格依赖持续的基础性理论的积累和人才梯队的储备,而基础理论的积累和人才梯队的建设都需要长期持续的资金支持,是一个国家最重要的长期投资项目之一。新冠肺炎疫情暴发后,法国总统动情指出,必须加强基础理论方面的长期持续投资。历史无数次证明,推动人类文明进程的重大技术突破都建立在基础理论的突破基础上,能够拯救人类于重大灾难的创新依赖于强大的基础知识储备和尖端的研发团队。这些都是建立在长期发展项目的稳健持续建设的基础上。2. 越是重大的项目投资周期越长,其产出也越持久。在长期可持续增长的链条中,产出持久、增长稳定的项目是确保经济长期可持续增长的中流砥柱,是避免短期性项目收益集中出现"大年小年"而形成剧烈波动的压舱石。3. 长期项目一般是许多中短期项目发展的基础,缺乏这类保障性项目,会导致短期经济发展的不稳固。因而,形成能够稳定支撑长期项目发展的投融资环境和体系是长期可持续发展的重要因素。

其次,什么样的环境或体系可以支撑稳定的长期投资项目,进而支撑长期增长呢? 长期投资项目最大的风险是投资环境不稳定,中途出现原投资计划之外难以应对的变化,由此引起原投资计划无法顺利实现。因而,最重要的条件就是要确保长期的价值体系的稳定。很显然,商品经济中价值和价格体系不稳定的情形下,未来风险性和预期成本、收益都难以精确估算,从而,投资策略和计划难以确定,投资就不易发生。即便是已经投资的项目,因为难以预估的持续有偏的扰动也可能造成项目投资中途下马。反之,在价值体系稳定的经济中,长期投资项目具备对长期形势的稳定预期,可以建立相对准确科学的计划,且在计划执行中不易发生严重偏离,因而,长期投资计划更容易获得投资。其结果是,越是价值体系稳定的经济,越容易形成良性的投融资机制,约束成本较低,成功率更高。综合的长期均衡增长率也必然更高。同时,价值体系稳定的经济对中短期项目同样有更好的激励。这样的环境中,中短期项目同样会有更低的融资成本,有更宽广的融资体量,有更高的成功率。因而,同样有利于对长期增长的贡献。所以,综合来看,价值体系越稳定,越有利于长期经济增长。

近年我国经济增长衰减过快确实不是增长能力不足,实乃有效需求增长乏力。通过建立长期稳定的价值体系及其信誉机制,必将成为拉动需求信心的重要基础保证,是长期可持续增长的基础保证。面对国际疫情大范围流行、金融危机预期,以及国际局势紧张等多重冲击,我国应当借势推动重大改革,若能抓住契机,转危为机,我国经济增长重回较高增速也是极有可能的。

参考文献

[1]陈昆亭等:《利率冲击的周期与增长效应分析》,《经济研究》2015 年第 6 期。

[2]陈昆亭、周炎:《有限需求、市场约束与经济增长》,《管理世界》2020 年第 4 期。

[3]陈昆亭:《中国经济增长的周期与波动的研究——引入人力资本后的 RBC 模型》,《经济学》2004 年第 3 期。

[4]莱恩·多亚尔、伊恩·高夫:《人的需要理论》,商务印书馆 2008 年版。

[5]李稻葵等:《GDP 中劳动份额演变的 U 型规律》,《经济研究》2009 年第 1 期。

[6]李文溥等:《居民消费能否成为现阶段拉动我国经济增长的主动力》,《经济研究参考》2019 年第 1 期。

[7]龚刚、杨光:《从功能性收入看中国收入分配的不平等》,《中国社会科学》2010 年第 2 期。

［8］洪银兴：《消费需求、消费力、消费经济和经济增长》，《中国经济问题》2013 年第 1 期。

［9］孙豪：《消费主导型大国：特征、测度及政策》，《社会科学》2015 年第 10 期。

［10］亚伯拉罕·马斯洛：《人类激励理论》，中国人民大学出版社 2012 年版。

［11］周炎、陈昆亭：《金融经济周期模型理论拟合中国经济的数值试验》，《管理世界》2012 年第 6 期。

［12］Acemoglu，D.，et al.，"Offshoring and Directed Technical Change"，*Barcelona GSE* Working Paper，(2015).

［13］Acemoglu，D.，"Equilibrium Bias of Technology"，*Econometrica*，Vol.75，No.5(September 2007).

［14］Acemoglu，D.，Guerrieri，V.，"Capital Deepening and Nonbalanced Economic Growth"，*Journal of Political Economy*，Vol.116，No.3(2008).

［15］Arteta，C.，et al.，"Negative Interest Rate Policies：Sources and Implications"，CEPR Discussion Paper，No.DP11433. 210，2016.

［16］Arrow，K.J.，Intriligator，M.D.，*Handbook of Mathematical Economics*，Elsevier，edition 2，2005.

［17］Aghion，P.，Howitt，P.，"A Model of Growth Through Creative Destruction"，*Econometrica*，Vol.60，No.2(1992).

［18］Ahituv，A.，"Be Fruitful or Multiply：On The Interplay Between Fertility And Economic Development"，*Journal of Population Economics*，

Vol.14,No.1(2001).

[19] Arrow, K. J., "The Economic Implications of Learning by Doing", *Review of Economic Studies*, Vol. 29, No. 3 (June 1962), pp. 155-173.

[20] Ashraf, Q., Galor, O., "Dynamics and Stagnation in the Malthusian Epoch", *American Economic Review*, Vol.101, No.5(2011).

[21] Atkeson, A., Kehoe, P.J., "Modeling and Measuring Organization Capital", *Journal of Political Economy*, Vol.113, No.5(October 2005).

[22] Aurissergues, E., "The Missing Corporate Investment, are Low Interest Tate to Blame?" Working Papers, 2016, https://halshs. archives - ouvertes. fr/halshs - 01348574/file/The% 20missing% 20corporate% 20investment% 20Are% 20low% 20interest% 20rate% 20to% 20blame.pdf.

[23] Beerli, A., et al., "Demand Forces of Technical Change: Evidence from the Chinese Manufacturing Industry", *China Economic Review*, Vol.60(April 2020).

[24] Belongia, M.T., Peter, N., "A Reconsideration of Money Growth Rules", Boston College Working Papers in Economics 976, 2019.

[25] Baier S.L., et al., "How Important are Capital and Total Factor Productivity for Economic Growth?", *Economic Inquiry*, Vol. 44, No. 1 (2010).

[26] Bernanke, B., Gurkaynak, R.S., "Is Growth Exogenous? Taking Mankiw, Romer, and Weil Seriously", in NBER Macroeconomics Annual

2001, Bernanke, B., Rogoff, K.S. (eds.), Cambridge, MA: MIT Press, 2001.

[27] Belongia, M.T., Peter, N., "Targeting Constant Money Growth at the Zero Lower Bound", *International Journal of Central Banking*, Vol.14, No.2(2018).

[28] Belongia, M.T., Peter, N., "Monetary Policy Lessons from the Greenbook", Boston College Working Papers in Economics 955, 2018.

[29] Blanchard, O., Summers, L.H., "Evolution or Revolution? Rethinking Macroeconomic Conference Coordinators", NBER Working Paper, No.24179(2017).

[30] Bosworth, B.P., *Saving and Investment in a Global Economy*, Washington DC: Brookings Institution, 1993.

[31] Boppart, T., "Structural Change and the Kaldor Facts in a Growth Model with Relative Price Effects and Non-Gorman Preferences", *Econometrica*, Vol.82, No.6(2014).

[32] Boubaker, S., et al., "Assessing the Effects of Unconventional Monetary Policy and Low Interest Rates on Pension Fund Risk Incentives", *Journal of Banking & Finance*, Vol.92(July 2018).

[33] Brander, J.A., Dowrick, S., "The Role of Fertility and Population in Economic Growth", *Journal of Population Economics*, Vol. 7, No. 1 (1994).

[34] Brunnermeier, M., "Deciphering the Liquidity and Credit Crunch 2007−2008", *Journal of Economic Perspectives*, Vol.23, No.1(2009).

[35] Brunnermeier, M., Oehmke, M., "Bubbles, Financial Crises, and

Systemic Risk", in *Handbook of the Economics of Finance*, Constantinides G.M., et al. (eds.), Vol.2, North Holland, Amsterdam: Elsevier, 2013.

[36] Bruckner, M., Schwandt, H., "Income and Population Growth", *Economic Journal*, Vol.125, No.589(2013).

[37] Buera, F.J., Kaboski, J.P., "Scale and the Origins of Structural Change", *Journal of Economic Theory*, Vol.147, No.2(2012).

[38] Caselli, F., Coleman, J., "The U.S. Structural Transformation and Regional Convergence: a Reinterpretation", *Journal of Political Economy*, Vol.109, No.3(2001).

[39] Carlos, Arteta, et al., "Negative Interest Rate Policies: Sources and Implications", Policy Research Working Papers, 2016.

[40] Carrol, C., et al., "Saving and Growth with Habit Formation", *American Economic Review*, Vol.90, No.3(2000).

[41] Cebiroglu, G., Unger, S., *On the Relationship of Money Supply, Consumer Demand and Debt*, Social Science Electronic Publishing, 2017.

[42] Chang, C., et al., "Trends and Cycles in Chinese Economy", in *NBER Macroeconomics Annual 2016*, Eichenbaum, M., Parker, J. (eds.), Vol.30, 2016.

[43] Chari, V.V., Hopenhayn, H., "Vintage Human Capital, Growth, and the Diffusion of New Technology", *Journal of Political Economy*, Vol. 99, No.6(1991).

[44] Chenery, H.B., Taylor, L., "Development Patterns: among Countries and over Time", *Review of Economics and Statistics*, Vol. 50, No. 4

(Novermber 1968).

[45] Chetty, R., Szeidl, A., " Consumption Commitments and Habit Formation", *Econometrica*, Vol.84, No.2(2016).

[46] Deaton, A.S., Paxson, C.H., " Saving, Growth and Aging in Taiwan", in *Studies in the Economics of Aging*, Cutler D.M., Wise D.(ed.), University of Chicago Press, 1994.

[47] Dominik Stroukal, Božena Kadeřábková, " Negative Interest Rates and Housing Bubbles", *The Civle Engineering Journal*, Vol.25, No.4 (2016).

[48] Edward, S., " Why are Saving Rates so Different across Countries?: An International Comparative Analysis", NBER Working Papers No. 5097(1995).

[49] Fagan, G., et al., " Was the Gold Standard Really Destabilising", *Journal of Applied Econometrics*, Vol.28, No.2(2013).

[50] Flam, H., Helpman E., " Vertical Product Differentiation and North-South Trade", *American Economic Review*, Vol.77, No.5 (December 1987).

[51] Foellmi, R., Zweimuller, J., " Structural Change, Engel's Consumption Cycles and Kaldor's Facts of Economic Growth", *Journal of Monetary Economics*, Vol.55, No.7(2008).

[52] Galor, O., " From Stagnation to Growth: Unified Growth Theory", in *Handbook of Economic Growth*, Vol.1A, Aghion, P., Durlauf, S. (eds), Amsterdam: Elsevier, 2005.

[53] Galor, O., "Unified Growth Theory", Princeton: Princeton University Press, 2011.

[54] Glaor, O., Weil, D. N., "Population, Technology and Growth: From the Malthusian Regime to the Demographic Transition and Beyond", *American Economic Review*, Vol.90, No.4(2000).

[55] Gordon, R.J., *The Rise and Fall of American Growth: The U.S. Standard of Living Since the Civil War*, Princeton NJ and Oxford: Princeton University Press, 2016.

[56] Gollin, D., et al., "The Food Problem and the Evolution of International Income Levels", *Journal of Monetary Economics*, Vol.54, No.4 (2007).

[57] Grisse, C., et al., "Lower Bound Beliefs and Long-term Interest Rates", IMF Working Paper, No. 17/62, 2016, http://198.74.49.97/ijcb2016/4. Grisse_Krogstrup_Schumacher.pdf.

[58] Grossman, G.M., Helpman, E., "Quality Ladders and Product Cycles", *The Quarterly Journal of Economics*, Vol.106, No.2(May 1991).

[59] Hall, D.T., Nougaim, K.E., "An Examination of Maslow's Need Hierarchy in an Organizational Setting", *Organizational Behavior and Human Performance*, Vol.3, No.1(February 1968).

[60] Hansen, G., Prescott, E., "Malthus to Solow", *American Economic Review*, Vol.92, No.4(September 2002).

[61] Hansen, A.H., "Economic Progress and Declining Population Growth", *American Economic Review*, Vol.29, No.1(1939).

［62］Haraguchi, N., Rezonja, G., "In Search of General Patterns of Manufacturing Development", UNIDO Working Paper, 2010.

［63］Hau, H., Lai, S., "Asset Allocation and Monetary Policy: Evidence from the Eurozone", *Journal of Financial Economics*, Vol.120, No.2(2016).

［64］Hetzel, R.L., "The Monetary Policy of the Federal Reserve: A History", Cambridge: Cambridge University Press, 2008.

［65］Herzer, D., et al., "The Long-run Determinants of Fertility: One Century of Demographic Change 1900 – 1999", *Journal of Economic Growth*, Vol.17, No.4(2012).

［66］Herrendorf, B., et al., "Growth and Structural Transformation", in *Handbook of Economic Growth*, Vol.2, Aghion, P., Durlauf(eds.), Amsterdam: Elsevier, 2014.

［67］H Hannoun, H., "Ultra-low or Negative Interest Rates: What They Mean for Financial Stability and Growth", Remarks at the Eurofi High-Level Seminar, Posted, 2015.

［68］Hopenhayn, H., "Entry, Exit, and Firm Dynamics in Long Run Equilibrium", *Econometrica*, Vol.60, No.2(1992).

［69］Hong, Y.X., "Consumer Demand, Consumption Power, Consumer Economy and Economic Growth", *Economic Issures in China*, No.1(2013).

［70］Houthakker, H.S., "The Present State of Consumption Theory", *Econometrica*, Vol.29, No.4(1961).

［71］Houthakker, H. S., "On Some Determinants of Saving in

Developed and Under-developed Countries", *Problems in Economic Development*, 1965.

[72] Jobst, A., Lin, H.H., "Negative Interest Rate Policy(NIRP): Implications for Monetary Transmission and Bank Profitability in the Euro Area", IMF Working Papers, No.16/172(2016).

[73] Jones, C., "The Shape of Production Functions and the Direction of Technical Change", *Quarterly Journal of Economics*, Vol.120, No.2(May 2005).

[74] Jovanovic, B., MacDonald, G., "The Life Cycle of a Competitive Industry", *Journal of Political Economy*, Vol.102, No.2(April 1994).

[75] Ju, J.D., et al., "Endowment Structures, Industrial Dynamics, and Economic Growth", *Journal of Monetary Economics*, Vol.76(2015).

[76] Kaldor, N., "Capital Accumulation and Economic Growth", Seminar on the Programming of Economic Development, King's College, Cambridge, 1963.

[77] Kelley, A.C., Schmidt, R., "Aggregate Population and Economic Growth Correlations: The Role of the Components of Demographic Change", *Demography*, Vol.32, No.4(1995).

[78] Kremer, M., "The O-ring Theory of Economic Development", *The Quarterly Journal of Economics*, Vol.108, No.3(1993).

[79] Kuznets, S., *Modern Economic Growth*, New Haven: Yale University Press, 1966.

[80] Kuznets, S., "Modern Economic Growth: Findings and Reflec-

tions", *American Economic Review*, Vol.63, No.3 (June 1973).

[81] Kongsamut, P., et al., "Beyond Balanced Growth", *The Review of Economic Studies*, Vol.68, No.4 (October 2001).

[82] Laitner, J., "Structural Change and Economic Growth", *The Review of Economic Studies*, Vol.67, No.3 (July 2000).

[83] Laidler, D., "Economic Ideas, the Monetary Order and the Uneasy Case for Policy Rules", Working Papers, No.2016 - 4, 2016, https://economics.uwo.ca/research/research_papers/department_working_papers.html.

[84] Leamer, E., "Path of Development in Three-factor N-good General Equilibrium Model", *Journal of Political Economy*, Vol.95, No.5 (October 1987).

[85] Levine, R., Renelt, D., "A Sensitivity Analysis of Cross-country Growth Regressions", Policy Research Working Paper Series, 1991.

[86] Li, H.B., Zhang, J., "Do High Birth Rates Hamper Economic Growth?", *Review of Economics and Statistics*, Vol.89 (2007).

[87] Lin, J. Y., *Marshall Lectures: Economic Development and Transition: Thought, Strategy, and Viability*, London: Cambridge University Press, 2009.

[88] Lucas, R.E., "On the Mechanics of Economic Development", *Journal of Monetary Economics*, Vol.22, No.1 (1988).

[89] Lucas, Robert E., "Understanding Business Cycles", *Carnegie-Rochester Conference Series on Public Policy*, Vol.5, No.1 (1977).

[90] Luttmer, E.G.J., "Selection, Growth, and the Size Distribution of

Firms", *Quarterly Journal of Economics*, Vol.122, No.3(2007).

[91] Ma, L., "Empirical Research on the Forming Mechanism of Income Difference between Different Industries-Evidence of Zhejiang Province", *Technoeconomics & Management Research*, No.S2(2010).

[92] Maddison, A., *Monitoring the World Economy 1820-1992*, Paris: OECD, 1995.

[93] Maddison, A., *Contours of the World Economy*, Oxford: Oxford University Press, 2007.

[94] Matsuyama, K., "The Rise of Mass Consumption Societies", *The Journal of Political Economy*, Vol.110, No.5(October 2002).

[95] Matsuyama, K., "Structural Change in an Interdependent World: A Global View of Manufacturing Decline", *Journal of European Economic Association*, Vol.7, No.2-3(December 2009).

[96] Matsuyama, K., "A Ricardian Model with a Continuum of Goods under Nonhomothetic Preferences: Demand Complementarities, Income Distribution, and North-South Trade", *The Journal of Political Economy*, Vol. 108, No.6(December 2000).

[97] Modigliani, F., et al., "Central Bank Policy, the Money Supply, and the Short-Term Rate of Interest", *Journal of Money, Credit and Banking*, Vol.2, No.2(1970).

[98] Modigliani, F., "The Life-Cycle Hypothesis of Saving and the Intercountry Differences in the Saving Ratio", in *Induction, Growth, and Trade: Essays in Honour of Sir Roy Harrod*, Eltis, W.A., et al.(eds.), Ox-

ford：Clarendon Press，1970.

[99] Murphy，K. M.，et al.，"Income Distribution，Market Size，and Industrialization"，*Quarterly Journal of Economics*，Vol. 104，No. 3（August 1989）.

[100] Netzén Örn，"Negative Interest Rate & the Level of Household Debt：A Vector Autoregressive approach in a European perspective"，Umeå School of Business and Economics，2017.

[101] Ngai，L. R.，Pissarides，C. A.，"Structural Change in a Multi-sector Model of Growth"，*American Economic Review*，Vol. 97，No. 1（February 2007）.

[102] Ngai，L. R.，Samaniego，R.，"Accounting for Research and Productivity Growth Across Industries"，*Review of Economic Dynamics*，Vol.14，No.3（July 2011）.

[103] Prescott，E.，"Theory Ahead of Business Cycle Measurement"，Carnegie-Rochester Conference Series on Public Policy 25，1986.

[104] Praet，P.，"The ECB's Monetary Policy：Past and Present"，Speech at the Febelfin，2017.

[105] Pollak，R. A.，"Habit Formation and Dynamic Demand Functions"，*Journal of Political Economy*，Vol 78，No.4（August 1970）.

[106] Pollak，Robert A.，"Additive Utility Functions and Linear Engel Curves"，*Review of Economic Studies*，Vol.38，No.4（1971）.

[107] Rebelo，S.，"Long-Run Policy Analysis and Long-Run Growth"，*Journal of Political Economy*，Vol.99，No.3（June 1991）.

［108］Gordon，R. G.，"Habit Formation"，*Ment Welf*，Vol. 14，No. 2（1933）．

［109］Romer，P. M.，"Increasing Returns and Long-Run Growth"，*Journal of Political Economy*，Vol.94，No.5（October 1986）．

［110］Romer，P.M.，"Endogenous Technological Change"，*Journal of Political Economy*，Vol.98，No.5（1990）．

［111］Rossi-Hansberg，E.，Wright，M.，"Establishment Size Dynamics in the Aggregate Economy"，*American Economic Association*，Vol.97，No.5（December 2007）．

［112］Selgina，G.，Sumner，S.，"Guest Editors' Introduction：Monetary rules for a Post-crisis World"，*Journal of Macroeconomics*，Vol. 54（December 2017）．

［113］Segerstrom，P. S.，et al.，"A Schumpeterian Model of the Product Life Cycle"，*American Economic Review*，Vol.80，No.5（December 1990）．

［114］Stokey，N.，"Learning by Doing and the Introduction of New Goods"，*Journal of Political Economy*，Vol.96，No.4（August 1988）．

［115］Stock，J.H.，Watson M.W.，"Business Cycle Fluctuations in US Macroeconomic Time Series"，in *Handbook of Macroeconomics*，edition 1，Vol.1，Chapter 1，Taylor，J.B.，Woodford，M.（eds.），Elsevier，1999．

［116］Stock，J.H.，Watson，M.W.，"A Comparison of Linear and Non-linear Univariate Models for Forecasting Macroeconomic Time Series"，in *Cointegration，Causality and Forecasting：Causality and Forecasting：A Fest-*

schrift in Honour of Clive W. J. Granger, Engle, R. F., White, H. (eds.), Oxford University Press, 1999.

[117] Summers, L. H., "Reflections on the 'New Secular Stagnation Hypothesis'", in *Secular Stagnation: Facts, Causes and Cures*, Teulings C., Baldwin R. (eds.), London: CEPR Press, 2014.

[118] Warr, P. G., "Export Promotion via Industrial Enclaves: The Philippines' Bataan Export Processing Zone", *The Journal of Development Studies*, Vol.23, No.2 (1987).

[119] Wang, Y., Tang, X. M., "Human Capital, Industrial Dynamics and Skill Premium Institute of New Structural Economics", Peking University, Working Paper, November 2019.

[120] Honda, Y., "On the Effects of a Negative Interest Rate Policy", *Rev. Monet. Financ. Stud.*, Vol.39 (March 2017).

[121] Yoshino, N., et al., "The Effectiveness of Japan's Negative Interest Rate Policy", ADBI Working Papers, 50 (652), 2017.

[122] Zucman, Gabriel, "Global Wealth Inequality", *Annual Review of Economics*, Vol.11, No.1 (2019).

责任编辑：曹　春

图书在版编目（CIP）数据

有限需求理论：长期经济增长可持续性及路径稳定性的视角/陈昆亭，
　　周炎 著. —北京：人民出版社，2021.3
ISBN 978－7－01－023007－8

Ⅰ.①有…　　Ⅱ.①陈…②周…　　Ⅲ.①中国经济-经济可持续发展-研究
　　Ⅳ.①F124

中国版本图书馆 CIP 数据核字（2020）第 272630 号

有限需求理论

YOUXIAN XUQIU LILUN

——长期经济增长可持续性及路径稳定性的视角

陈昆亭　周炎　著

人民出版社 出版发行

（100706　北京市东城区隆福寺街 99 号）

北京中科印刷有限公司印刷　新华书店经销

2021 年 3 月第 1 版　2021 年 3 月北京第 1 次印刷
开本：710 毫米×1000 毫米 1/16　印张：11.25
字数：124 千字

ISBN 978－7－01－023007－8　定价：58.00 元

邮购地址　100706　北京市东城区隆福寺街 99 号
人民东方图书销售中心　电话（010）65250042　65289539